사람답게 산다는 것은,

향기가 좋아야 한다.
사람다운 향기는 속 깊은 마음에서 나와 눈빛으로 전한다.

색깔이 고와야 한다.
사람다운 색깔은 고독한 생각에서 나와 손발로 빚어낸다.

느낌이 살아야 한다.
사람다운 느낌은 부드러운 감각에서 나와 살갗으로 통한다.

인문학으로 키우는 내 자녀

스토리텔링 인문학

인문학으로 키우는 내 자녀
스토리텔링 인문학

초판 1쇄 인쇄 2014년 4월 4일
1쇄 발행 2014년 4월 11일

지은이 송태인

펴낸이 김영선
기획·편집 이교숙
디자인 차정아
일러스트 김상진

펴낸곳 (주)다빈치하우스-미디어숲
주소 서울시 마포구 독막로8길 10 조현빌딩 2층(우 121-884)
전화 02-323-7234
팩스 02-323-0253
홈페이지 www.mfbook.co.kr
출판등록번호 제 2-2767호

값 14,500원
ISBN 978-89-91907-58-4 (13370)

이 도서의 국립중앙도서관 출판시도서목록(CIP)은 서지정보유통지원시스템 홈페이지(http://seoji.nl.go.kr)와
국가자료공동목록시스템(http://www.nl.go.kr/kolisnet)에서 이용하실 수 있습니다.
(CIP제어번호: CIP2014008749)

인문학으로 키우는 내 자녀
스토리텔링 인문학

송태인 지음

미디어숲

빈 곳을 보고
이치에 맞게 주어라!

사람은 한 번 태어나서 살다가 떠납니다. 태어남은 세상과의 만남이고, 산다는 것은 세상 사람들과의 주고받음이며, 떠난다는 것은 세상과의 분리입니다. 만나서 주고받다가 떠나는 것, 이것이 인생의 메커니즘이죠. 여기서 삶의 초점은 '보고', '주는' 데 있습니다. '본다'는 것은 아는 것이며 '준다'는 것은 에너지의 순환행위입니다. 잘 보고 잘 주면 에너지는 선순환합니다. 그러나 잘못보고 잘못 주게 되면 에너지는 악순환하게 되죠. 누구와 만나서 언제 무엇을 얼마만큼 어떻게 주느냐에 따라서 삶의 가치가 결정됩니다. 삶을 살아가면서 우리는 수많은 대상과 만나 주고받지만 그 중에서도 자녀와의 관계가 가장 어렵고 중요합니다. 부모와 자녀의 관계는 본능적인 부분에서부터 본질적인 부분에까지 총체적으로 뒤엉켜있기 때문입니다.

부모는 누구나 자녀가 행복하기를 바랍니다. 특히 요즘 부모는 자녀에 대한 애정이 더욱 각별하죠. 부모는 머릿속으로는 자녀가 독립적인 존재라고 생각합니다. 그러나 하나 아니면 둘밖에 안 되는 핏줄인지라 가슴 한 구석에 숨겨둔 본능적인 소유의식으로부터 자유롭지 못한 게 현실입니다. 자녀에 대한 헌신적인 사랑은 분명 자랑거리임에 틀림없습니다. 하지만 무지無智하거나 맹목적인 사랑은 위험합니다. 아무리 조건 없는 사랑을 주어도 이치에 맞지 않으

4

면 독이 되기 때문입니다. 현실은 한치 앞을 내다볼 수 없는 복잡하고 무질서하며 어지럽습니다. 그렇기에 무엇을 기준으로 삼아 자녀의 미래준비에 도움을 줄 것인지 막막하기만 합니다. 분명한 것은 어설픈 부모역할은 도리어 자녀의 행복한 길에 방해가 된다는 사실입니다.

혼란기에는 불안을 빌미삼아 불필요한 정보가 극성을 부립니다. 유행성 정보는 일시적으로 심리적인 도움은 될 수 있습니다. 그러나 떠돌아다니는 데이터는 결과적으로 본질로 가는 길을 헷갈리게만 할 뿐입니다. 불확실한 시대일수록 근본적인 물음에서 답을 찾아야 합니다. 요즘 인문학의 유행은 이러한 시대적 흐름을 반영합니다. 인문학은 '나'를 찾는 공부입니다. 밖에 떠돌아다니는 무수한 지식과 넘쳐나는 스킬은 정작 '나'는 어떻게 살고 어디로 갈 것인가 하는 불안에 대한 근원적인 해결점을 제시해 주지 않습니다. 우리는 지금 '나'에 대한 방향을 찾지 못하고 있습니다. 이런 상황에서 우리가 분명하게 알아야 할 것은 '나' 없는 세상 역시 존재하지 않는다는 사실입니다. '나'가 바로 서야 나와 관계 맺는 수많은 대상들에게 긍정의 에너지를 줄 수 있습니다.

이 책을 쓰게 된 동기는 검증되지 않은 '나'를 기준으로 삼으면서 시류와 영합한 부모들이 자녀의 미래를 불투명한 곳으로 안내하고 있는 지금의 현실에 안타까움을 느꼈기 때문입니다. 플라톤의 말처럼 삶에는 정답이 없는 것이 아니라 아직 그 정답을 찾지 못하고 있을 뿐입니다. 자녀들은 부모의 눈빛을 보고 닮아갑니다. 부모의 잘못된 키잡이 역할은 한 생명의 소중한 가치와 희망의 싹을 자를 수도 있습니다. 삶의 지혜를 찾기 위한 인생의 터닝이 절박한 시점입니다.

여기서는 성인들이 말하는 인문고전의 지혜를 바탕으로 '나'의 중심을 바로 세우고 그 기준에 입각하여 부모가 자녀에게 꼭 들려주어야 할 참된 인생의 방향을 제시해 나갈 것입니다. 그 주제는 이 시대를 살아가는 청소년들이 반드시 갖추어야 할 '인성', '학습', '진로'로 구분하였습니다. 제1장은 '인성'을 주제로 다루었습니다. 인성교육의 중요성은 날로 강조하는데 어떤 기준으로 무엇을 어떻게 가르쳐야 하는지 막연합니다. 성현들의 이야기를 바탕으로 사람답게 사는 큰길을 구체적으로 안내합니다. 제2장은 '학습'입니다. 옛 성인들은 진정한 공부를 무엇이라고 생각하였으며 오늘날 우리 아이들에게 절대적으로 부족한 주도성을 어떻게 길러 주어야 하는지를 소개합니다. 제3장은 '진로'에 대한 이야기입니다. 100세 시대를 살아가는 요즈음, 출세와 성공에 대한 기준이 달라지고 있습니다. 기존의 출세는 타인의 시선이 중심이었다면 이제는 '나'의 가치에 대한 만족도로 그 중심이 바뀌고 있습니다. 자녀에게 들려줄 미래시대에 맞는 지속가능한 행복의 진로를 안내합니다.

자녀들은 누구나 똑똑하게 태어납니다. 그 똑똑함을 잘 살펴보고 그 똑똑함이 세상에 드러나도록 돕는 것은 어른들의 몫입니다. 당신의 자녀는 당신만의 자녀가 아닙니다. 우리 모두의 아들딸이며 세계를 이끌어갈 동량들입니다. 자녀가 큰 기운으로 큰길을 갈 수 있도록 빈 곳을 잘 살펴야 합니다. 그리하여 이치에 맞게 잘 주는 법을 배우고, 실천하려는 부모가 될 수 있도록 노력해야 합니다. 그런 부모들을 위해 바치는 마음으로 이 책을 썼습니다.

끝으로 인문학클럽활동에 주도적으로 동참해 주신 박태준, 천미라, 이강석 이사님, 이재형, 홍사성, 추성욱, 이정태 책임연구원과 김미경, 김현주, 김현정 연구원 그리고 한결같은 마음으로 응원하고 물심양면으로 도움을 주신 김영선 미디어숲 출판사 사장님과 이교숙 편집장님께 두 손 모아 감사드립니다.

주)더서당인문학연구소 대표 송태인

차 례

CHAPTER 2
사람의 색깔을 변화시키는
'학습' 이야기

CHAPTER **3**
사람의 느낌을 살리는
'진로' 이야기

1

C H A P T E R

사람의 향기를 찾는 '인성' 이야기

사람이 비록 공부에 뜻을 두었다고 해도 용맹스럽게 앞으로 나아가고 전진해서 성과를 이루지 못한다면, 옛날의 습관이 살아나서 그 뜻을 막아버리고 말 것이다. 옛날의 묵은 습관이란 대체 무엇인가? 일신이 편안하게 지낼 것만 생각하는 것, 어지럽게 드나들면서 쓸데없는 말만 하고 세월을 보내는 것, 이상한 것을 좋아하고 사람의 눈치를 보는 것, 남의 글을 따다가 제 글인 체하는 것, 허풍과 과시를 일삼는 것, 남의 부귀영화를 부러워하고 탐내는 것 등이다. 자나 깨나 구습을 맹렬히 반성하기에 힘써서 마음에 한 점이라도 구습에 더럽혀짐이 없게 한 뒤라야만, 비로소 흔들림 없이 공부를 할 수 있을 것이다. ▮ 이이 ▮

01

예쁜 것들은
다 이유가 있다

여러분은 자녀들이 내가 살아왔던 길을 가기를 원합니까, 아니면 내가 살아왔던 길과는 다른 길을 가기를 희망하나요?

이것은 대답하기 어려운 질문일 수 있어요. 왜냐하면 이 질문 속에는 '당신은 후회 없는 삶을 살고 있는가?', '당신은 행복한 삶을 살고 있는가?', '당신은 가치 있는 삶을 살고 있는가?'라는 의미가 담겨 있기 때문이죠. 일반적으로 부모들은 자녀들에게 내가 살아온 길 가운데 일부분은 권하고, 나머지는 다른 길을 선택하길 희망합니다. 즉, 편안한 길을 갈 수 있도록 보완하여 자녀에게 권합니다. 사람이 사람답게 후회

없이 산다는 게 그리 쉽지 않다는 반증이기도 해요. 완전한 행복을 누리며 살고 있다는 사람을 찾기란 매우 어려운 일입니다.

사람은 누구나 걸어온 길을 돌아보았을 때, 후회도 하고 아쉬움도 느낍니다. 선택의 아쉬움, 주고받음의 아쉬움, 헤어짐의 아쉬움 등 여러 아쉬움을 경험해요. 하지만 이것은 지극히 정상입니다. 인간은 '미완성에서 완성'으로 향해 가는 '불완전한 존재'이기 때문입니다. 그래서 자녀들을 어떤 길로 안내하는 게 좋을지 확신하기가 쉽지 않아요. 그렇다고 '좋은 게 좋은 것'이라는 식으로 자녀를 시류에 편승하여 내맡긴다는 것도 썩 마음에 내키지가 않습니다.

자녀에 대한 기대는 인간의 본능입니다. 남의 자녀들보다는 내 자녀가 더 건강하고 더 잘나가기를 원해요. 더 솔직한 심경은 크게 성공하여 부귀영화를 누리며 떵떵거리며 살기를 소망하죠. 더 큰 욕심을 부리는 부모는 소망을 성취하기 위해 신에게 자녀를 위한 간절한 기도도 드립니다. 이런 게 부모의 마음입니다. 그런데 자녀들은 성장하면서 부모의 기대를 저버리거나 기대에 못 미쳐 실망을 시키기도 합니다.

우리는 자녀가 공부를 잘하면 잘하는 대로 기대를 하게 되고, 못하면 못하는 대로 마음이 편치 않습니다. 더구나 우리네 사회 구조가 자녀의 문제는 단순히 집안에서만 그치는 것이 아닙니다. 부모의 사회적 위신과 체면과도 결부되어 있어요. 학교에서 자녀의 서열은 부모의 사회적 체면 서열과 직결되어 있습니다. 여기서부터 복잡해지기 시작하는 것입니다. 자녀의 행복을 운운하지만 내면에는 부모의 자존심이 깔려 있는 겁니다.

이러한 상황을 자녀들은 어떻게 받아들일까요?

이심전심입니다. 자녀들도 부모 마음과 똑같아요. 자녀들도 부모에게 인정받고 싶은 본능이 자리하고 있습니다. 당당하고 잘난 모습을 보여주고 싶어 해요. 자녀들은 부모의 마음을 본능적으로 읽습니다. 부모의 기대에 부응한다는 판단이 서면 의기양양해지죠. 나로 인하여 부모의 자존심이 올라간다는 것에 상당한 자부심을 느껴요. 반대로 부모의 기대에 미치지 못한다고 생각하는 자녀들은 고개를 숙입니다. 표면적으로는 아닌 척하며 둘러대거나 감추지만 마음속에는 이미 죄책감이 자리하기 시작하는 것입니다. 아무리 철없고 망나니처럼 보여도 부모와 자녀 사이의 사랑에 대한 교감은 직감으로 주고받습니다.

우리나라의 자녀교육에 대한 헌신은 전 세계적으로 널리 알려져 있습니다. 하지만 그 명성 뒤에 숨겨진 스토리는 감추고 싶은 사연들이 더 많아요. 이른바 학부모는 많아도 부모는 적다는 이야기지요. 수단방법 가리지 않고 자녀를 출세가도에 몰아넣는 것은 사랑을 가장한 부모의 욕심입니다. 진정한 사랑은 '출발의 마음'도 중요하지만 '주고받는 과정과 결실'에서 완성됩니다. 그와 마찬가지로 자녀교육에 헌신하는 마음이 꽃 피고 열매를 맺으려면 무엇이 중요하고, 무엇이 덜 중요한지 구분하는 능력이 필요합니다.

부모와 자녀의 삶은 '평생의 관계'입니다. 평생의 관계 속에서 자녀의 학교생활은 성장기 일부분의 과정일 뿐이에요. 더구나 학교성적은 성장기생활 가운데 일부에 불과해요. 그런데 우리는 성적이라는 부차적인 '좁은 기준'과 눈으로 '인생 전체'를 들여다보려고 합니다. 이러니 서로가 답답할 뿐이에요.

인생의 중요한 시기에 이러한 편협한 기준으로 자녀를 바라보니 사랑이 왜곡되고 있는 것입니다. 이러한 관계는 글로벌시대에 자랑거리가 아니에요. 자녀와 평생 동안 좋은 관계를 맺으려면 자녀를 바라보는 '부모의 기준'을 다시 한 번 점검해 볼 필요가 있습니다.

공도자가 물었다.

"사람들이란 존재는 모두 같을 텐데 누구는 대인大人이 되고, 누구는 소인小人이 되는 까닭은 무엇입니까?"

맹자가 대답했다.

"몸의 대체大體를 따르면 대인이 되고, 몸의 소체小體를 따르는 사람은 소인이 된다."

"똑같은 사람인데 누구는 대체를 따르고, 누구는 소체를 따름은 어째서입니까?"

맹자가 말하였다.

"귀와 눈의 기능은 생각을 하지 못한다. 그래서 외부의 환경에 가려지기도 하는데, 외부의 사물이 하나의 기능에 불과한 귀나 눈과 접촉

하면, 귀나 눈은 외부의 사물에 의해 끌려가게 되는 것이다. 그러나 '마음'의 기능은 생각하는 것이다. 그런데 생각을 하면 이치를 터득할 수 있고, 생각하지 못하면 이치를 터득하지 못한다.

이러한 '마음'은 하늘이 우리 인간에게 부여해 주신 것이다. 그러므로 먼저 그 중요한 부분을 확고하게 세우면, 하찮은 부분들이 그 중요한 부분을 빼앗아가지 못한다. 이것이 대인이 되는 이유이다."

『맹자』 '고자편'에 나오는 이야기입니다.

맹자는 '대인과 소인의 길'을 명확하게 제시하고 있습니다. 대인은 '마음의 이치'를 깨달아 중요한 부분이 무엇인지 스스로 판단하고 그것을 '주인'으로 삼습니다. 반면에 소인은 외부의 환경에 예민하게 반응하여 '다른 사람의 말과 시선'에 판단을 맡겨 '손님'처럼 이끌려 갑니다. 참으로 정곡을 찌르는 말이죠. 사람은 태어날 때 조건이 다 거기서 거기예요. 문제는 태어날 때부터 가지고 있던 에너지를 어떻게 관리하고 사용하느냐에 따라서 큰사람이 되기도 하고, 작은 사람이 되기도 한다는 겁니다. 여러분은 자녀를 대인으로 기르고 있나요, 아니면 소인으로 기르고 있나요? 한 번쯤 스스로 돌아보기를 권합니다.

그렇다면 자녀를 대인으로 기를 수 있는 똑똑하고 현명한 부모란 어떤 사람들이며, 그 기준은 과연 무엇일까요?

자녀를 위해 최신정보를 얻으려 여기저기 설명회를 많이 다니는 것일까, 좋은 학원과 족집게 과외교사 선택을 잘하는 능력일까, 공부전략 잘 세워 좋은 학교에 보내는 능력일까, 그것도 아니면 경제력이 실력이라며 아낌없이 투자를 하는 것일까. 안타깝게도 이 모든 것들은 현명하지 못한 행동일 뿐입니다.

맹자는 이러한 행위를 귀나 눈으로 접촉하여 외물에 질질 끌려 다니는 소인이 되는 길이라고 말하고 있습니다. 관행처럼 굳어져 버린 우리 사회의 소인교육 틀에서 벗어나기 위해서는 현실을 냉철하게 바라보는 '새로운 눈'이 필요합니다.

인재에 대한 평가기준이 과거와 많이 달라지고 있습니다. 현대사회에서는 '인성'과 '주도성' 그리고 '창의성'이 그 가치로 떠오르고 있어요. 이러한 기준에서 볼 때 이리저리 휘둘리는 사람은 신뢰할 수가 없습니다. 이것저것 집적거리는 사람은 한 가지 일도 제대로 하지 못하는 사람으로 평가받아요. 지식 좀 있다고 해서 거들먹거리는 사람은 창조적인 일을 하지 못할 사람으로 비쳐집니다.

큰사람, 즉 대인은 인생의 중심이 서 있는 사람입니다. 중심이 서 있다는 것은 가치기준이 명확하게 서 있다는 것을 뜻해요. 대인이 되기 위해서는 학교생활과 성적도 물론 중요하지만, 대인은 그것이 전부라고 생각하면서 거기에 갇혀 있거나 만족해하지 않습니다. 세상을 더 크고 넓게 바라보죠. 대인은 학교에서 가르치는 지식이 무엇인지 그 내용을 알고 있어요. 그리고 학교성적이 무엇을 의미하는지도 잘 알고 있으며, 좋은 성적을 얻기를 바라는 부모의 마음도 잘 알고 있습니다. 또한 대인은 세상 사람들이 말하는 가치가 무엇인지, 그 마음이 무엇인지도 잘 알고 있어요. 그래서 대인은 흔들리지 않습니다. 그 마음 속 이치를 알기 때문에 주위 시선에 휘둘리지 않아요. 큰사람은 환경을 주도적으로 이끌어 갑니다. 그래서 대인은 귀하고 경쟁력이 있습니다.

> 나의 말은 매우 알기 쉽고 실천하기도 쉬운데,
> 천하에 잘 아는 자가 없고 잘 실천하는 자도 없다.
> 말에는 '근원'이 있고, 일에는 '중심'이 있다.
> 사람들이 이것을 알지 못하기 때문에 나를 알지 못한다.
> 나를 아는 사람은 드물고 나를 따르는 사람은 귀하다.
> 그러므로 성인은 굵은 베옷을 입고 품속에 보배를 품고 있는 것이다.

노자의『도덕경』'70장'입니다.

노자 역시 큰사람이 가야 할 길을 아주 쉽게 설명하고 있습니다. 대인은 '근원'을 알고 '중심'을 잡고 가는 사람이라고 말합니다. 이것이 성공으로 가는 가장 쉽고 빠른 지름길인데도 사람들은 그 단순한 길을 선택하지 않아요. 스스로 똑똑하다고 생각하는 사람일수록 미로처럼 복잡한 길을 만들어 그 속에서 헤맵니다. 복잡한 길은 결국 소인이 되는 길입니다. 손익을 이리저리 따지며 샛길을 찾느라 나중에는 길을 잃어버리기 때문입니다. 길을 제대로 알기만 하면 복잡하지 않아요. 대인의 길은 단순합니다. 정해진 바른 길을 똑바로 가면 됩니다.

비록 부모가 대인의 길을 가지 못했다 할지라도
자녀에게는 당당하게 대인의 길을 가도록 도와야 합니다.

그렇다면 대인의 길을 가는데 길잡이 역할을 해줄 사람은 누구일까요? 바로 부모입니다. 부모는 자녀의 가장 큰 롤모델입니다. 부모는 잘났건 못났건 자녀의 눈에는 큰사람이에요. 부모가 완벽하지 않다는 것을 자녀가 더 잘 알고 있어요.

대인이란 '부족함을 인정하고 더 나아지려고 노력하는 사람'입니다. 허점을 가리고 회피하는 사람은 소인이에요. 비록 부모가 대인의 길을 가지 못했다 하더라도 자녀에게는 당당하게 대인의 길을 가도록 도와야 해요. 부모가 자녀에게 줄 수 있는 가장 큰 역할은 대인의 길을 떳떳하게 말하는 '용기'입니다. 자녀는 이러한 부모를 존경합니다. 그런데 요즘 청소년들은 부모를 우습게 보는 경향이 있어요. 거기에는 여러 가지 이유가 있겠지만 부모가 소인의 길을 말하기 때문일 수도 있습니다.

사람은 사람을 알아봅니다. 대인은 대인의 대접을 받고, 소인은 소인의 대접을 받습니다. 대인의 눈으로 자녀를 보면 자녀가 커 보이지만, 소인의 눈으로 자녀를 보면 자녀가 작아 보입니다. 왜 그럴까요? 바로 '마음'이라는 놈이 조화를 부리기 때문입니다. '마음'이 똑같은 사람을 대인으로도 만들고 소인으로도 만들 수 있는 것입니다.

02

티끌이
세상을 움직인다

인간을 왜 만물의 영장이라고 했을까요?

여러 가지 이유가 있겠지만 사람은 '마음을 부리는 힘'이 있기 때문이 아닐까 생각합니다. 이 세상에 마음만큼 부리기 어려운 것은 없어요. 마음은 잠시도 그 자리에 가만히 있지를 않아요. 잡으려면 도망가요. 보려고 하면 사라져요. 마음은 있는 것도 아니고 없는 것도 아니에요. 마음으로 그리면 그것은 곧 현실로 나타나기도 해요. 그렇기 때문에 마음은 신기합니다.

인간은 이렇게 다루기 힘든 '마음을 부리며 사는 존재'입니다. 그러

니 우주만물 가운데 가장 영묘靈妙한 존재라 할 만하죠. 인류가 추앙하
는 성인들은 모두 '마음을 잘 다루는 자'입니다.

맹자가 말하였다.

"인仁은 사람의 '마음'이요, 의義는 사람의 '길'이다.

그런데도 사람들은 자기 길을 버리고 따르지 않고, 자기 마음을 잃어

버리고도 찾을 줄을 모르니 애처롭구나. 사람들은 닭과 개를 잃어버

리면 찾을 줄을 알면서도 방심放心하고도 찾을 줄을 모르는구나. 학문

하는 방법은 다름이 아니다. '방심한 마음'을 찾는 것일 뿐이다."

『맹자』 '고자편'에 나오는 이야기입니다.

사람의 마음속에는 사람과 사람의 관계를 '사랑으로 살리는 에너지'
가 들어 있습니다. 그 에너지가 '서로 살리는 방향'으로 균형을 유지하
며 주고받는 것이 올바른 삶입니다.

맹자는 그것을 인仁과 의義라고 표현합니다. 인은 '사랑하는 마음'이
며 의는 '사랑을 나누는 방법'이에요. 그런데 사람들은 내 안에 지니고
있는 무한한 마음의 에너지를 인식하지 못하고, 밖에서 에너지를 찾으
려 몸부림치고 있어요. 맹자가 바라볼 때 그것은 시간, 돈, 에너지의 낭
비예요. 학문은 천 가지 만 가지로 복잡하게 뻗어나가지만, 최종 목적
은 '내 마음속 에너지를 밝히는 데' 있습니다.

현재의 학문은 밖으로 향하고 있습니다. '나'보다는 '대상'에 초점이 맞추어져 있어요. 인문학이나 사회과학, 자연과학, 예술 등 모두 외부의 지식과 기술을 배우고 익히는 데에 그 목적을 두고 있습니다. 대상에 초점을 두는 공부는 나를 변화시키는 데 한계가 있습니다. 지속적으로 내적인 학문의 동기를 유발시키지 못하기 때문입니다.

고등학교 2학년 학생들에게 초등학교 때부터 지금까지 많은 공부를 했는데 그 공부가 자신을 위한 공부였는지 물어보았습니다. 그랬더니 일부의 학생들만 그렇다고 대답을 해요. 학생들에게 왜 그렇게 생각하느냐고 다시 물었더니 점수가 좋으면 좋은 대학에 들어갈 수 있다는 거예요.

좋은 대학에 들어가기 위한 공부는 '나'를 위한 공부가 아닙니다. 이 것은 '나'를 위하는 척하는 도구적인 공부일 뿐이에요. 진정으로 '나'를 위한 공부는 순간순간 '나'의 변화가 느껴지는 공부예요. 국어를 공부하면 우리 언어에 대하여 말하고, 듣고, 읽고, 쓰는 능력에 변화가 일어나야 해요. 바로 이런 이유 때문에 맹자는 학문의 중심을 밖에서 안으로 전환하라고 하는 것입니다.

사실 학문의 방법에는 정답이 없습니다. 학문은 시대의 빈 곳을 채우는 역할을 할 뿐이죠. 시대가 안으로 치우쳐 있으면 밖을 강조하고, 반대로 시대가 밖으로 치우쳐 있으면 안을 강조하는 식이지요. 왜 그럴까요? 치우친 것은 진리로부터 멀어지기 때문입니다.

그렇다면 우리가 살고 있는 이 시대는 과연 어떤지 한 번 생각해 볼까요?

오늘날 학문은 밖으로 기울어져 있어요. 대화 속 이야기를 들어봐도 내 안의 이야기보다는 밖의 이야기가 훨씬 더 많아요. 직장 이야기, 세상 이야기, 연예계 이야기 등 남의 이야기가 대부분이에요. 우리가 이렇듯 남의 이야기에 몰두하는 것은 나를 잘 모르기 때문이에요. 우리는 대체로 아는 것을 이야기하고 싶어 하면서 모르는 것에 대해서는 감추고 싶어 해요. 나를 모르기 때문에 나를 감추려 하는 것입니다.

나를 아는 것은 무척 중요합니다. 사람들은 누구나 자기 자신을 잘 안다고 생각해요. 하지만 실제로 '나'에 대해 정확하게 아는 사람은 드물어요. 바로 여기에서 문제가 생깁니다. 제대로 알지도 못하면서 '나'를 안다고 착각하는 사람들이 대부분이라는 것이죠. 나를 안다고 착각하는 사람들은 더 이상 자신을 들여다볼 생각을 하지 않고 밖으로 향하게 되는데 이게 더 큰 문제입니다. 지금 우리에게 가장 중요한 것은 진정한 '나'를 찾는 일입니다. 나를 찾는 마음공부에 관심을 가지는 것이 무엇보다 시급합니다.

안정된 것은 지니기 쉽고, 조짐이 없는 것은 처리하기 쉽다.

무른 것은 풀어지기 쉽고, 미세한 것은 흩어지기 쉽다.

일은 생기기 전에 처리하고, 뒤틀리기 전에 대비한다.

아름드리나무도 털끝 같은 싹에서 생기고

9층 누대도 삼태기 흙에서 쌓아졌으며

천 리 길도 발밑에서 시작된다.

잘 하려는 사람은 실패하고, 꽉 잡으려는 자는 놓친다.

그러므로 성인은 잘 하려고 하지 않으므로 실패하지 않으며,

집착하지 않으므로 잃지 않는다.

사람들은 일을 할 때 언제나 일이 다 될 즈음에 실패한다.

끝을 조심하기를 처음처럼 한다면, 실패하는 법이 없다.

그러므로 성인은 욕심이 없기만을 바라고,

얻기 어려운 보물을 귀하게 여기지 않으며,

지식이 아닌 배움을 배워서

뭇 사람들이 잘못하는 바를 회복하여

만물의 자연을 도울 뿐 감히 인위적으로 하지 않는다.

노자의 『도덕경』 '64장'입니다.

노자는 내 마음 안을 잘 보면 처음과 끝을 알 수 있다고 합니다. 가령 호박씨 안에는 이미 호박의 일생이 다 들어있는 것과 같은 이치예요. 호박씨는 흙과 수분, 공기, 빛 등 성장할 수 있는 조건을 만나면 스스로 싹을 틔우고 자랍니다. 줄기를 뻗고 꽃을 피우고 또다시 아름드리 호박을 잉태시키죠. 처음의 호박씨는 일생을 거쳐 다시 호박씨로 끝을 맺습니다. 사람도 마찬가지예요. 우리의 마음은 생존의 조건이 되면 '운동'을 시작합니다. 운동은 '변화'를 가져오고, 변화는 새로운 '창조'를 낳습니다. 이런 창조를 거듭하면서 마음이 새롭게 됩니다. 이것이 내 마음속에 담긴 자연본성의 에너지 흐름이에요. 그런데 대개 사람들은 있

는 그대로의 내 마음에 만족하지 못해요. 더 큰 것, 더 높은 것, 더 빠른 것 등을 찾아 나섭니다.

노자는 이것을 인위적이라 표현했어요. 지식, 보물, 집착, 욕심 등은 처음 마음 안에는 없던 것들이에요. 내 마음은 내 것이기 때문에 예측이 가능하고 그래서 실패하는 법이 없지요. 하지만 인위적인 것들이 마음에 들어와 자리를 차지하는 순간 본래 내 것이 아닌 그것들 때문에 그 끝을 알 수 없게 되고 맙니다.

노자의 논리대로라면 불확실한 시대는 우리가 스스로 자청한 것이에요. 왜냐하면 내 마음 밖에 있는 알 수 없는 것을 알려고 스스로 빠져들었기 때문이죠. 그래서 성인들은 안에 내재해 있는 만물의 자연본성을 도울 뿐 감히 밖에 떠다니는 인위적인 일을 도모하지 않는 것입니다.

요즘 관점으로 보면 노자의 말은 터무니없는 이야기로 들릴지도 모릅니다. 그는 우리가 가는 길이 자연본성과는 반대로 가고 있다고 말해요. 이런 말을 들으면 참 헷갈려요. 인생에 정답이 있을까라는 의문이 들기도 하죠. 하지만 세대를 거듭할수록 인위적인 가치에 매몰되고 있는 부정적인 현상이 뚜렷하게 나타나고 있습니다. 내가 당장 할 수 있는 작은 것들에 관심을 두기보다는 불확실하고 불투명한 허황된 것들에 더 욕심을 두고 있습니다.

미래학자들은 다가올 세상을 희망적으로 그리지 않고 있어요. 미래가 더욱 암울해진다는 전망입니다. 우리의 자녀들에게 이러한 미궁으로 뒤얽힌 길을 안내할 수는 없는 노릇이에요.

역사는 현재의 우리를 지켜보고 있습니다. 우리가 어떤 길을, 어떻게 선택하느냐에 따라서 우리 자녀들의 미래가 달라집니다. 공부의 방향이 안이냐 밖이냐, 자연적이냐 인위적이냐 하는 것은 매우 중요합니다. 어느 길을 배우고 익혔느냐가 삶의 가치를 규정하기 때문입니다.

공부의 첫 단추는 내 마음에서 출발해야 합니다. 그래야 기초가 튼튼해져요. 요즘 학문은 기초가 부실합니다. 안이 실해야 밖으로 무한히 뻗어 나갈 수 있어요. 마음공부는 사람이 가야 할 길을 밝히는 학문입니다. 사람이 가야 할 길은 그냥 가면 되는 것처럼 쉬워 보여도 막상 가다 보면 만만치 않다는 것을 느낄 거예요.

우선 당장은 자녀교육에서부터 부딪치기 시작합니다. 내 마음과 자녀의 마음이 항상 같지가 않아요. 사춘기가 되어 자녀가 엇나가기 시작하면 내 마음을 어디에 둬야 할지 실의에 빠지게 돼요. 그럴 때면 일도 손에 잡히지 않고 만사가 귀찮아집니다. 그런데 그러다가도 어떤 계기로 다시 마음의 코드가 맞게 되면 기쁘고 즐거워집니다. 언제 그랬느냐 싶게 행복해지죠. 마음은 눈에 보이지 않는 세계가 아닙니다. 살아 있는 생명체예요. 그래서 공부의 대상이 되어야 하는 것입니다.

석가가 말하였다.

"보살아, 세 가지 큰 사事에 대해서 그 마음을 경책하고, 세 가지 큰 진리에 그 행위를 들여보내야 한다."

지장이 물었다.

"무엇이 세 가지 사에 대해서 그 마음을 경책하는 것이며, 무엇이 세 가지 진리에 한결같은 행위로 들어가는 것입니까?"

석가가 대답했다.

"세 가지 사事라는 것은 첫째는 인因이고, 둘째는 과果며, 셋째는 식識이다. 어와 같은 세 가지 사는 본래부터 공하여 나의 진아眞我가 아니니, 어째서 이것에 대해서 애착을 내겠는가? 이 세 가지 일이 계박繫縛에 의하여 흔들려 고해에 표류함을 관찰하여, 이와 같은 일로써 항상 스스로 경책해야 한다.

세 가지 진리라는 것은 첫째는 보리의 도로서, 평등한 진리이지, 평등하지 않은 진리가 아니고, 둘째는 대각으로서, 바른 지혜로 얻은 진리이지, 거짓된 지혜로 얻은 진리가 아니며, 셋째는 지혜와 선정으로서, 다름이 없는 행위로 들어간 진리이지, 잡된 행위로 들어간 진리가 아니다.

이러한 삼제로써 공부하면 이 사람은 이 법에 대해서 정각을 얻지 아니함이 없고, 정각의 지혜를 얻어서 매우 큰 자비를 흘려보내니, 자기와 남을 모두 이익 되게 하여 부처님의 깨달음을 이루게 된다."

석가의 『금강삼매경』 일부분입니다.

석가모니는 마음에 깨달음이 있다고 얘기합니다. 사람은 만남을 통해 주고받으며 생긴 결과물을 학습하고 기억하려는 속성이 있습니다.

만나기 전과 후가 달라지는 것이에요. 만나기 전에는 깨끗한 상태였는데 만나서 주고받다 보니 욕심의 이끼가 생기고, 기대와 섭섭함이 생겨 원래의 마음은 온데간데없이 없어져 버려요. 변해 버린 이 마음은 원래 처음마음과는 다릅니다. 변하기 전의 '처음마음'을 한결같이 유지하는 것 그것이 '공부'입니다. 그 처음마음은 평등한 진리이기에 만물을 그 모습 그대로 받아들여, 나도 살고 다른 사람들도 살릴 수 있는 삶을 살아갈 수 있게 합니다.

'마음'이란 것을 건축에 비유하면 설계도면에 해당합니다. 설계도면 그대로 건축물을 세울 수는 없지만 건축물은 그 도면을 벗어나지 않습니다. 삶도 마찬가지예요. 마음의 그림대로 살 수는 없지만, 삶의 전체적인 모습을 보면 내 마음을 떠나지도 않아요.

마음공부는 평생의 공부입니다. 마음공부는 가장 가까이서부터 출발하죠. 나, 배우자, 자녀, 부모, 친구, 직장동료 등 가까이 있는 사람들과 주고받는 관계 속에서 내 마음을 알게 됩니다.

자녀는 내 마음을 가르쳐주는 최고의 스승입니다. 자식이 부모의 마음을 아프게 하는 것은 마음을 다시 살펴보라는 신호예요. 마음은 유전이 됩니다. 우리가 자녀에게 물려줘야 할 가장 큰 재산은 물질이 아니라 마음을 건강하게 보고 그 건강한 본래의 마음을 전승하도록 도와주는 것이에요. 건강한 마음이 잘 자라도록 자연본성의 환경을 조성하는 것이 미래를 긍정적이고 희망차게 바꾸는 길입니다.

03

밥상은
영혼이다

요즘은 온 가족이 오손도손 함께 모여 식사하기가 어려운 시대입니다. 특히 바쁜 아침에는 아침을 거르거나 각자 따로 먹는 경우가 더 많아요. 가족이라야 몇 명 안 되는 핵가족인데도 맞추기가 참 어렵습니다. 형편이 이러다 보니 패스트푸드가 발달할 수밖에 없어요. 바쁘게 살다 보니 먹는 것이라도 빠르고, 쉽고, 편리하게 해결하기를 원하게 됩니다. 사실 노동력과 재료비를 따져보면 사 먹는 것이 더 경제적일 수도 있죠. 또한 지금은 예전처럼 먹을 것이 부족해서 전전긍긍하는 시대도 아닙니다. 요즘은 사회가 워낙 바쁘게 돌아가다 보니 먹는 것마저 귀찮다고 생각하는 것이 우리네 식문화 흐름인 것 같아요. 이런 생각을 하는 것은 먹는 행위가 단순히 목숨을 연장시킬 뿐이라는 생각에서 나온 것입니다.

하지만 실상은 그렇지가 않습니다. 먹고사는 문화 속에는 삶의 철학이 고스란히 녹아 있습니다. 먹는 행위는 삶의 종합예술이라고 할 수 있어요. 먹는 것 속에는 자연본성의 '순환이치'가 담겨 있습니다. 자연은 운동하고 변화하며 늘 새로운 것을 창조합니다. 먹는 것은 운동입니다. 움직여야 먹을 것을 얻어요. 먹는다는 것은 나와 대상 간의 만남입니다. 곡식을 만나고, 채소를 만나고, 고기와 광물들을 만납니다. 먹는 것은 변화해요. 변화란 주고받는 작용을 뜻합니다. 밥과 반찬을 먹으면 내 몸에서는 다양한 효소와 혼합하여 복잡한 물리적, 화학적 변화의 과정을 거쳐요. 그 변화의 과정을 거치고 나면 배설물과 함께 새로운 에너지를 생산해요. 그러므로 먹는 것은 또한 창조인 것입니다. 변화를 거쳐 새로이 생산된 에너지는 다시 운동으로 쓰이고 주고받으며 또 다른 변화와 창조의 에너지를 생산하죠. 이것이 자연 순환의 법칙입니다.

여기서 우리가 주목해야 할 것은 '먹는 것의 질質'과 음식의 '순환구조'입니다. 무슨 음식이든 먹기만 하면 순환을 하긴 해요. 중요한 것은 먹는다는 사실이 아니라 무엇을 먹고, 어떻게 먹느냐 하는 것이에요. 무엇을 어떻게 먹었느냐에 따라서 에너지의 질이 결정되기 때문이죠. 자극적인 음식과 만나면 자극적인 에너지가 나옵니다. 인스턴트 음식과 만나면 인스턴트 에너지가 나와요. 정성이 담긴 음식과 만나면 정성스

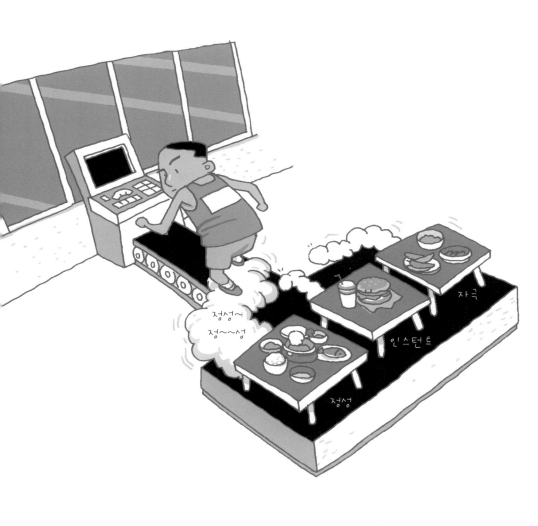

무엇을 어떻게 먹느냐에 따라서 에너지의 질이 결정됩니다.
자극적인 음식과 만나면 자극적인 에너지가 나오고
정성이 담긴 음식과 만나면 정성스러운 에너지가 나옵니다.

러운 에너지가 나옵니다.

저는 전형적인 농촌마을에서 성장했습니다. 회고해 보면 제 부모님은 먹는 것에 연연해 한 것이 아니라 먹는 것에 소중한 철학이 깃들어 있다는 걸 알고 계셨던 것 같아요. 저희 형제는 모두 6남매인데, 어머니는 아침마다 자식들 도시락을 싸면서 이 밥 먹고 건강하게 꿈을 키우라고 부뚜막 신에게 기도를 드렸어요. 정성스레 비는 어머니의 모습이 지금도 눈에 선하게 남아 있네요. 저는 살아오면서 도덕책에서 배운 것보다 어머니가 정성스레 싸 주셨던 도시락의 힘이 더 도덕적인 삶을 살게 해준 것임을 잘 압니다.

먹는 것은 '성품'과 연결이 됩니다. 요즘 청소년들의 까칠해진 성품은 먹는 것과 무관하지 않아요. 바쁘다는 핑계로 인스턴트 식품을 자주 먹다 보니 우리의 몸과 마음까지도 부지불식간에 인스턴트화되어 가고 있어요. 마음도, 생각도, 몸도 차츰 온기를 잃어가고 있는 느낌이에요. 하지만 보다 근본적인 문제는 다른 데 있습니다. 자연적인 것과 인스턴트를 구분하려는 우리의 의지가 약해지고, 그 둘을 구별하는 기준이 점차 모호해지고 있다는 것, 그게 바로 큰 문제입니다.

오색五色의 화려한 색깔은 사람의 눈을 멀게 하고,
오음五音의 아름다운 소리는 사람의 귀를 먹게 한다.
오미五味의 좋은 맛은 사람의 입맛을 버리게 한다.

말을 달려 사냥을 하는 것은

사람의 마음을 광분狂奔하게 만들고

얻기 어려운 재물은 사람의 행실을 그르치게 한다.

그러므로 성인은 배를 채울 뿐 눈요기는 하지 않는다.

그리하여 저것을 버리고 이것을 취하는 것이다.

노자의 『도덕경』 '12장'입니다.

노자는 인스턴트 문화는 인간본성을 해친다고 단언합니다. 필요 이상의 화려한 색깔은 눈을 멀게 합니다. 여기서 눈은 물리적인 시력뿐만이 아니에요. 세상을 바라보는 '안목'을 말해요. 눈을 멀게 한다는 것은 '안목'이 좁아진다는 것을 뜻합니다. 화려하면 시선이 멈추게 돼요. 그런데 필요 이상의 화려함 뒤에는 반드시 '유혹'이 숨겨져 있어요. 그래서 깊게 빠져듭니다. 그러다 보면 자연스럽게 정신줄을 놓게 되고 자기를 잃게 된다는 것입니다.

소리와 맛도 같은 이치예요. 특히 요즘 놀이문화로 자리 잡은 컴퓨터게임이나 스마트폰게임은 사람의 마음을 광분케 하는 최악의 시나리오예요. 마음의 본성은 '살리는 방향'으로 에너지가 흐르는데, 게임은 '죽이는 방향'으로 자극을 줍니다. 놀이는 원래 공동체의식을 공유하는 소통의 도구였습니다. 하지만 지금 우리가 즐기는 놀이는 예전의 것과 거리가 멀어요. 우리는 떳떳하지 못한 놀이문화를 숨어서 몰래 하고 있어요. 역사는 이런 우리네 문화를 그대로 기록할 것입니다. 우리가 빠져드는 놀이란 것이 과연 후대에 당당하게 전승할 수 있는 문화인지 고민해 볼 때입니다. 노자는 먹고, 입고, 자고, 노는 것은 자연본성을 살리는 방향으로 취해야 떳떳하고 당당한 맛과 멋과 휴식과 여유를 유지할 수 있다고 말합니다.

돌고 도는 문명의 거대한 흐름은 거스르기가 어렵습니다. 그런데 지금의 인스턴트 문명은 자연본성으로부터 너무 멀어지고 있습니다. 너무 멀어지면 위태로워집니다. 그래서 인간은 대안의 문명을 찾고 있어요. 그것은 다시 '자연본성'으로 되돌아가자는 것입니다.

요즘은 대체로 자녀가 한두 명이라 모두들 자녀를 너무 귀하게 여깁니다. 자녀 비위 맞추기에 바쁘죠. 그래서 자녀들이 원하는 인스턴트의 유혹을 뿌리치기가 힘듭니다. 먹는 것, 입는 것, 자는 것, 노는 것 모두가 인스턴트 일색입니다. 선택의 여지가 없어요.

우리는 이러한 인스턴트 문명에 끌려가는 것이 스스로 맛과 멋과 휴식을 잃게 된다는 것을 경험하며 깨달아야 합니다. 그러기 위해서는 대화를 통한 진지한 소통이 필요해요. 부모는 자녀에게 자연본성이 손상되지 않도록 교육할 의무가 있어요. 그 의무를 소홀히 하게 되면 결국 화살이 부모에게 날아옵니다. 그것이 '자연의 순환 이치'입니다.

호랑이 키우는 사람 아시지요? 그 사람은 먹이를 산 채로 주지 않아요. 왜냐하면 호랑이가 살아있는 먹잇감을 죽이려고 성을 내기 때문입니다. 또 통째로 먹이를 주지 않아요. 왜냐하면 먹이를 발기발기 찢으려고 성을 내기 때문입니다. 그러니 호랑이가 배가 고픈지 부른지를 잘 살펴 성질이 드러나지 않도록 하면, 비록 호랑이가 짐승이지만 자기를 기르는 사람을 잘 따를 겁니다. 그러므로 호랑이가 사람을 해치는 건 사람이 호랑이의 성질을 건드렸기 때문이라오.

또 말을 사랑하는 자가 있다오. 얼마나 사랑하는지 광주리에다 말똥을 담고 동이에다 오줌을 받을 지경이에요. 그런데 마침 말 몸뚱이에 모기나 등에가 붙어 있는 걸 보고 그놈들을 잡으려고 말 등을 때립니다. 말은 화들짝 놀라 고삐를 끊고 주인의 머리를 차 버리니 주인은 가슴을 다치지요. 사랑하는 마음은 지극하지만 사랑을 잃게 되는 경우가 있다오. 어찌 조심하지 않을 수 있겠는가?

『장자』 '인간세편'에 나오는 이야기입니다.

사랑하는 마음은 지극하지만 사랑을 주려는 대상의 자연본성을 알지 못하고, 내 생각만으로 주게 되면 결국은 화와 원망으로 귀결된다는 것입니다. 우리네 부모들은 자녀 사랑하는 마음이 최고예요. 문제는 자녀에 대해 알고 있는 기준에 '오류가 있다는 사실'을 알지 못하고 사랑을 준다는 것이에요. 자연본성은 과학지식의 기준과는 차원이 달라요. 부모가 자녀에게 매일매일 주고 있는 사랑이라는 것이 자녀에게 '화火를 키우고 독毒'을 키우고 있지는 않은지 잘 살펴야 합니다.

사람은 태어나서 죽을 때까지 피할 수 없는 것이 의·식·주문화입니다. 냉정하게 말하면 그것이 전부일 수 있어요. 그래서 그 속에 진리가 들어 있다고 할 수 있습니다. 그것을 잘하기 위해 정치, 경제, 사회, 과학, 교육 등이 필요합니다.

행복은 바깥에서, 거창한 것에서 찾아지는 것이 아닙니다. 온 가족이 모여 오순도순 밥 한 끼 먹는 것에 행복이 살아 있어요. 밥상머리교육은 훈계하는 곳이 아닙니다. 서로의 이야기 들어주고, 보듬어주고, 서로의 허기진 빈 곳을 살피는 신성한 순간이 바로 함께 밥을 먹는 그 시간입니다. '행복한 밥상'에서 '행복한 인물'이 나오는 법입니다.

04

자녀는
부모마음의 거울이다

　부모의 눈에 자녀는 항상 어린 자녀입니다. 자녀가 결혼을 해 한 가정의 가장이 되어도 부모 눈에는 걱정의 대상으로 보입니다. 잘나면 잘난 대로 걱정이고, 못났으면 못난 대로 더 큰 걱정이에요. 혼자 밖으로 내보내는 것도 불안해요. 학교에서 선생님 말씀은 잘 듣는지, 친구들과는 잘 지내는지, 공부는 잘하는지, 혹시 나쁜 친구들 만나서 못된 짓은 하지 않는지 걱정이 태산이죠. 걱정도 하다 보면 점점 커집니다. 혹시 길거리에서 이상한 사람을 만나지는 않을까, 찻길 건너다 교통사고라도 당하면 어쩌나, 큰 병에 걸리면 어떡하나, 자녀가 커서 제대로 앞가림은 하고 살까…… 이렇게 일어나지도 않은 일을 앞서서 걱정하기도 합니다. 이것이 바로 부모의 마음입니다.

부모는 자녀를 보면 반사적으로 잔소리를 하게 됩니다. "밥 많이 먹어라, 편식하지 마라, 젓가락질 똑바로 해라, 숙제는 다 했느냐, 정리정돈 잘해라, 어른들 뵙거든 인사 잘해라. 거짓말하지 마라. 옷은 단정하게 입어라, 친구와 사이좋게 지내라, 게임은 조금만 해라……."

부모는 왜 자녀들에게 잔소리를 할까요. 그것은 자녀에 대한 부모 자신의 걱정을 덜어내기 위한 본능적인 행위입니다. 걱정이 많을수록 잔소리가 많아집니다. 깊이 박힌 걱정은 잔소리로도 해소되지 않아요. 신에게 기도까지 드리면서 걱정을 덜어내려 하죠. 이것이 부모의 심경입니다.

부모는 자녀를 얻는 순간부터 걱정을 만들고 걱정을 덜어내며 살아갑니다. 이것은 부모 자녀 간 주고받는 운명입니다. 그런데 요즘 부모들은 똑똑해서 그 운명도 피하려 노력하죠. 우선은 자녀의 수를 줄여요. 또 자녀를 전문가에게 맡깁니다. 보모에게 맡기고, 의사에게 맡기고, 교사에게 맡겨요. 전문가에게 맡기면 그만큼 걱정을 덜어 낼 수 있기 때문이죠. 또한 부모도 자신의 인생으로 바쁘게 살아가기 때문이에요. 나도 바쁘니 각자 인생 챙기며 살자며 서로의 짐을 나누는 것입니다. 하지만 이러한 노력도 걱정의 운명으로부터 자유롭지는 못한 것 같습니다.

이 책을 통해 나는 나 자신을 돌아보았습니다. 당신의 인도하심에 따라, 나는 내 영혼의 깊은 곳으로 들어갔는데, 이는 당신의 도움 때문

에 가능했습니다.(시편 29:11)

내가 영혼을 들여다보기 시작하자, 나의 약한 눈으로나마 나는 내 영혼의 눈, 그리고 내 정신 위에서 나를 내려다보는 변하지 않는 빛을 발견했습니다. 그 빛은 육체를 가진 인간의 눈으로 볼 그러한 일상적인 빛이 아니어서, 점점 밝아지고 강해져서 모든 공간을 비추게 되거나 하는 그런 종류의 빛이 아니었습니다.

내가 본 것은 내가 지구상에서 알았던 그 어떤 것과도 정말로 다른 그러한 빛이었습니다. 그 빛은 내 정신을 위에서 비추었지만, 기름이 물 위에 퍼지거나 하늘이 땅 위에 덮인 것과는 달랐습니다. 그 빛이 나보다 높아 그것이 나를 만들었기 때문이고, 내가 그보다 낮음은 내가 그것의 지음을 받았기 때문입니다. 진리를 아는 모든 자들은 그 빛을 알고, 그 빛을 아는 모든 자들은 영원을 압니다. 사랑으로 아는 것이 바로 그 빛입니다.

아우구스티누스의 『고백록』 일부분입니다.

그는 하느님의 인도에 따라 자기를 찾는 내면의 깊은 여행을 하게 됩니다. 거기서 발견하게 된 것이 내 영혼의 눈입니다. 그 눈은 현상을 바라보는 일반적인 눈과는 차원이 다릅니다. 나를 포용하고 용서하며 사랑하는 생명의 빛을 보는 눈이에요. 그 빛은 진리의 길이며 영원의 길이에요. 그 빛은 사랑의 힘으로 인식할 수 있습니다.

아우구스티누스는 훗날 청소년 시기의 방황과 방탕한 생활을 고백하면서 하느님이 내려준 빛의 세계를 발견하게 됩니다. 그는 하느님은 모든 사람들이 태어나는 순간부터 사랑을 가진 영혼의 빛을 보도록 만들었다고 말해요. 인간은 그 빛을 따라가는 존재라고 합니다. 따라서 사람을 빛의 관점에서 보면 비록 육신은 부모의 몸을 빌려서 태어났지만, 영혼은 하느님의 자녀인 것입니다.

아우구스티누스의 이야기를 빌리지 않더라도 자녀는 부모의 소유물이 아닙니다. 소유와 사랑은 구분해야 해요. '소유'는 부모의 관점에서 자녀를 바라보는 것이에요. 이것은 부모가 살아온 가치를 기준으로 관계를 맺는 것입니다. '사랑'은 영혼의 관점에서 자녀를 바라보는 것입니다. 이것은 부모와 동등한 영혼을 가진 독립된 존재로 주고받는 관계를 말해요. 따라서 걱정으로부터 자유로워지는 길은 자녀를 '영혼의 관점'에서 대접하는 것입니다. '아직은 어린 자녀지만 언젠가는 어른이 된다.', '지금은 부모 품에 안겨 살지만 언젠가는 한 가정을 일구고 살아가는 가장이 된다.'

부모는 시간과 공간을 넘나들 수 있는 여유를 가지고 자녀를 대해야 합니다. 부모도 과거에는 어린 자녀였어요. 현재는 성장하여 어른 역할을 하고 있는 것입니다. 미래에는 자녀를 떠나 새로운 여행을 시작해야 합니다.

인간은 사랑의 영혼을 가진 고독한 존재입니다. 그 고독을 받아들여야 해요. 그리고 고독을 즐길 준비를 해야 합니다. 고독을 즐기려면 자녀를 대하는 방식에 있어 몇 가지 원칙을 지켜야 합니다. 우선 자녀를 믿어야 해요. 자녀에게 과외공부를 시켜주는 것보다 믿음을 주는 것이 훨씬 효과적입니다. 다음은 자녀를 포용해야 해요. 부모와 자녀 사이는 잘나고, 못나고를 따질 사이가 아니에요. 자녀는 힘들 때 쉴 수 있는 부모의 그늘이 필요한 것이지, 다른 사람과의 경쟁에서 이기기 위한 무기가 필요한 것이 아닙니다.

마지막으로 자녀에게 진정한 사랑을 주어야 해요. 한 인간으로 태어난 이상 내 품에서는 '하늘처럼 존중'해 주라는 것입니다. 다른 집 자녀들과 비교하는 순간 존중하는 마음은 사라지고 맙니다.

천하를 차지하려고 애를 쓰는 사람이 있지만,

나는 그것이 불가능하다고 본다.

천하는 신성하고 귀중한 그릇이기에

억지로 무엇인가를 할 수도 없고 집착할 수도 없다.

억지로 한다면 무너지고 집착하면 잃어버린다.

무릇 이 세상의 일이라는 것이

앞서 가는 것이 있는가 하면, 뒤따르는 것도 있다.

숨을 천천히 쉬는 것이 있는가 하면, 빨리 쉬는 것도 있다.

강한 것이 있는가 하면, 약한 것도 있다.

올라타는 것이 있는가 하면, 떨어지는 것도 있다.

따라서 성인은 지나친 것을 버리고 사치함을 버리고 교만함을 버린다.

노자의 『도덕경』 '29장'입니다.

자녀를 소유하려는 것은 천하를 차지하려는 것보다 더 큰 집착입니다. 처음부터 불가능한 것을 시도하기 때문이에요. 억지로 한다면 무너지고 집착하면 잃어버려요. 자녀를 유치원 시기부터 꽃을 피우게 하려고 이리저리 데리고 다니는 것은 조기교육이 아니라 억지교육입니다. 자녀를 학교성적으로 평가하려는 것은 자녀 마음을 잃어버리는 행동이에요. 사람마다 '때'가 다르고 '힘'이 다릅니다. 자연의 흐름을 타야 모두가 편안해져요. 노자는 '지나침, 사치함, 교만함' 이 세 가지가 자연의 이치를 거스르는 핵심이라고 말합니다.

요즘 자녀들은 자존감이 낮아지고 있다는 걱정의 소리가 높습니다. 자존감은 사람으로 대접 받을 때 높아지고 무시당할 때 낮아집니다. 현대인들은 대체로 성격이 날카로워요. 까칠한 성품으로 변해가고 있어요. 이렇게 거친 성향으로 대하면 나도 모르는 사이 자녀들의 정서에 상처를 주게 돼요. 자녀들은 부모로부터 정서에 상처를 받게 되면 자기 존재감이 없다고 속단해 버립니다. 부모와 자녀 사이에 상호 자존감이 지속되기 위해서는 정서를 잘 조절해야 합니다. 각자의 영혼을 향하여 가는 고유의 길은 존중해 주면서도 가족으로서 함께 나누며 가야 할 길은 동행해야 합니다. 가정은 '따로'와 '같이'를 동시에 충족하는 영원한 보금자리입니다.

05

감각을 살리면
텔레파시는 통한다

여러분은 어떤 상황에서 억울함을 느끼나요?

대개 내 마음을 상대방이 알아주지 못하거나 곡해할 때 억울한 감정
이 올라옵니다. 이때 상대방에게 내 마음을 충분히 전달할 수 있는 입장
에 있거나 표현능력이 있으면 그나마 덜 억울하죠. 그런데 세상을 살다
보면 그렇지 못한 경우가 더 많아요. 이렇게 억울함이 쌓이면 화火가 됩
니다. 화는 안으로 억누르거나 밖으로 분출한다고 해결되는 것이 아니에
요. 화는 관계가 막혀 있다는 '양심의 신호'입니다. 즉 불통의 알림이에
요. 소통이 잘 되면 양심은 화를 내보내지 않아요. 그렇다면 양심은 무엇

상대방에게 내 마음을 충분히 전달할 수 있는 입장에 있거나
표현능력이 있으면 그나마 덜 억울해요.
그런데 세상을 살다 보면 그렇지 못한 경우가 더 많습니다.

이기에 어려울 때 수호신처럼 나타나서 나를 돕는 임무를 수행할까요?

우리는 크고 작은 싸움을 하다가 마지막까지 해결이 안 되면 양심에 호소하는 경우가 많아요. "당신은 양심도 없느냐!", "그 문제는 양심에 맡길 수밖에 없다.", "너는 양심에 손을 얹고 물어봐라." 등 이렇게 양심은 신성한 영역의 심판기준으로 사용해요. 그래서 전통적으로 양심은 법과 사회규범보다는 상위 개념으로 인식되고 있습니다.

'양심'은 사람을 살리려는 '신호체계'입니다. 다양한 형태의 감정, 느낌, 예감 등을 통하여 직관으로 인식합니다. 새로운 대상을 만날 때면 양심은 첫인상으로 좋다, 싫다의 신호를 보내요. 대상과 무엇을 주고받을 때면 넘치거나 부족한 것을 즐거움이나 섭섭함 등의 신호로 알려줘요. 만남 후 헤어질 때면 기다림과 슬픔 등의 느낌으로 새로운 만남의 기약을 신호로 보냅니다.

우리는 일상생활에서 부지불식간에 양심의 신호를 받아서 판단하고 행동합니다. 그 소리를 잘 듣고 명석한 판단을 하는 사람이 있는가 하면, 무시하거나 억지를 부리는 사람도 있어요. 양심은 '소통의 울림'입니다. 잘 통하면 기쁘고 즐거운 소리가 나와요. 막히면 찝찝하고 사나운 소리가 나와요. 양심은 자연본성의 소리입니다.

언제부터인가 우리 사회는 양심의 소리를 듣고 살면 손해 본다는 의식이 자리 잡고 있습니다. 언론의 보도를 보면 식당에서 먹는 것 가지고 장난하는 사람들이 종종 나옵니다. 그들은 대개 경영적 측면에서 재료값을 아끼기 위해서는 양심을 속일 수밖에 없다고 변명해요. 대기업의 비리나 정치인들의 비리, 그리고 전문직 종사자들의 탈세 등 표면적으로 드러난 대부분의 사회문제는 이익을 위해서 양심을 저버린 행위라고 할 수 있습니다.

하지만 더 큰 문제는 표면적으로 드러나지 않은 양심의 불량입니다. 교실에서 행해지는 교사의 편견이나 차별은 표면적으로 잘 드러나지는 않지만 양심의 기준에서 보면 학생들에게 치명적인 해를 끼칩니다. 가정에서 행해지는 부부 사이에 속고 속이는 행위는 그들뿐만이 아니라 자녀에게도 부정적인 영향을 끼쳐요. 대인관계에서도 겉과 속을 다르게 보면서 이중적인 관계를 맺는 것은 분명 서로에게 양심을 속이는 행위입니다.

양심을 속이면 이익을 보는 듯하지만 실상을 따지고 보면 그렇지 않습니다. 양심은 다른 사람을 속이기 이전에 자기 자신을 속여요. 자기 자신을 속이는 행위를 반복하다 보면 나중에는 만성이 되어 양심이 작동하지 않아요. 양심은 나에게서 가장 가깝고도 정확한 정보통입니다. 양심을 버리는 사람은 심복을 버리는 사람과 같습니다.

맹자가 말하였다.
"우산의 나무들이 원래는 아름다웠다. 그러나 대국의 교외에 있었기 때문에 도끼와 자귀로 매일 나무를 베어 가는 바람에 아름답게 될 수가 없었다. 밤낮으로 자라고 비와 이슬이 적셔 주어 싹이 나오는 것이 없지 않았건마는 소와 양이 그 싹을 찾아 방목되었기에 저렇게 반들반들하게 되었다. 사람들은 저 반들반들한 모습만 보고 우산은 원래 훌륭한 재목감이 없었다고 생각한다.

그러나 어찌 이것이 우산의 본성이겠는가? 마찬가지로 사람에게 있어서도 어찌 인의의 마음이 없겠는가? 다만 사람들이 그 양심을 놓아 버리게 되는 것도, 또한 도끼질로 매일매일 나무를 베어 낸 것과 같은 것이다. 그러니 어찌 아름다워질 수 있겠는가? 밤낮으로 자라난 선한 마음과 아침의 맑고 고요한 기에서 드러나는, 좋아하고 싫어하는 바가 다른 사람들과도 거의 비슷한 본성은 극히 미미한 상태이기 때문에 낮 동안 저지르는 나쁜 행동에 의해 질곡상태에 놓이게 된다. 질곡당하여 없어지기를 반복하다 보면 밤의 기운이 충분히 보존될 수 없고, 밤의 기운이 보존되지 못하다 보면 금수와 거리가 멀지 않게 된다. 문제는 사람들이 이 금수 같은 행실만 보고는 처음부터 훌륭한 재질이란 없었다고 여긴다는 점이다. 이것이 어찌 사람의 타고난 바탕이겠는가?

『맹자』'고자편'에 나오는 이야기입니다.

맹자는 하늘이 인간에게 준 가장 큰 선물은 '양심'이라고 주장합니다. 양심은 모든 사람에게 공평하게 주어진 것이며, 그것을 어떻게 관리하고 사용하느냐에 따라 그 사람의 능력이 객관적으로 평가받을 수 있습니다. '양심의 역량'은 곧 그 사람의 '에너지'예요. 맹자에게 양심은

'사람다움의 기준'입니다. 대개 사람들은 타고난 양심을 잊은 채 왜곡된 형태로 살아가는 현실의 모습만을 보고 양심은 별게 아니라고 쉽게 저버려요. 그것은 비유하자면 원래 산은 아름다운 나무와 새 그리고 동물들이 살 수 있는 터전이었는데, 거기에 나무가 자라지 못하도록 민둥산을 만들어 놓고 산에 나무가 없다고 한탄하는 것이나 다름없어요. 양심에 대한 인식도 마찬가지입니다. 본래 가정이나 학교나 직장이나 사회에서 양심을 무럭무럭 자라게 할 수 있었는데도 양심의 아름다움을 체험하지 못한 사람들은 그것은 찾을 수 없다고 지레 포기해 버립니다.

사실 양심의 실체와 필요성에 대해서는 누구나 인정합니다. 다만 그것을 찾고 지켜나갈 자신이 없는 것이죠. 우리의 환경은 양심을 키우기에는 무척 척박합니다. 여기저기 민둥산이 태반이에요. 양심을 지키고 사는 사람은 바보 소리를 들어요. 그럼에도 불구하고 우리는 양심의 씨앗이 자라도록 희망을 버려서는 안 돼요. 양심은 개인적 차원에서는 자기실현의 원천이며, 사회적으로는 신뢰와 소통의 에너지원이기 때문입니다.

다행인지 불행인지 대한민국에서도 인재선발 기준에서 양심을 평가하겠다는 분위기가 조성되고 있습니다. 소위 인성평가가 그것입니다. 과거에는 양심지수가 서로 비슷해서 지식과 기술의 습득 능력을 변별력의 기준으로 삼았어요. 그런데 요즘에는 반대로 지식과 기술의 습득 정도는 서로 비슷한데 양심의 인식 정도가 차이 나서 그것을 기준으로 인재를 선발한다는 것입니다. 기업체뿐만이 아니라 대학 입시에서 서류와 면접전형이 늘고 있는 것도 이러한 흐름을 반영하고 있는 것이라고 할 수 있습니다.

잘 세워진 덕은 뽑히지 않고,

잘 간직된 도는 빠져 나가지 않는다.

이렇게 하면 자손들이 제사를 그치지 않을 것이다.

이러한 도로 내 몸을 닦으면 그 덕은 반드시 참되고

이러한 도로 집을 닦으면 그 덕은 반드시 넘치고

이러한 도로 고을을 다스리면 그 덕이 영원히 전해진다.

이러한 도로 나라를 다스리면 그 덕이 풍성해지고,

이러한 도로 천하를 다스리면 그 덕은 넓게 퍼져나간다.

그러므로 내 몸으로 남의 몸을 보고

내 집으로 남의 집을 보며

내 고을로 남의 고을을 보고

내 나라로 남의 나라를 보고

지금의 천하로 과거와 미래의 천하를 보아야 한다.

내가 무엇으로 모든 천하가 그렇다는 것을 알 수 있겠는가?

바로 이러한 이치를 통해서이다.

노자의 『도덕경』 '54장'입니다.

이치는 서로 통합니다. 맹자는 하늘이 내려준 사람이 가야 할 마땅한 길을 양심으로 표현했습니다. 노자는 자연과 더불어 사람이 가야 할 길을 '도道와 덕德'으로 표현하고 있습니다.

"자연의 이치인 도道로써 내 몸을 닦으면 몸은 덕德으로 완성된다.

도덕道德으로 나라를 다스리면 그 나라는 풍성해진다. 도덕은 만물이 함께 사는 길이다. 그 길을 알면 다른 사람의 집을 알고, 고을을 알고, 나라를 알 수 있다."

노자가 '도와 덕'으로 표현한 길은 공통적입니다. 그래서 도덕을 알면 과거와 현재와 미래를 알 수 있다는 거예요. 노자는 영원불변성을 지닌 도와 덕을 따르는 것이 눈앞의 이익을 선택하는 것보다 더 풍성하고 여유롭게 사는 길이라고 말해요. 그 길은 장애물이 없기 때문이죠.

운전을 하다 보면 신호와 속도를 무시하고 달리는 운전자를 자주 봅니다. 그러나 그들도 도로에 장애물이 있으면 그것을 치우기 전까지는 꼼짝 없이 멈추어 서야 합니다. 인생도 마찬가지예요. 빨리 간다고 좋은 것은 아니에요. 장애물을 만나지 않고 정규속도와 신호를 유지하면서 지속적으로 달리는 것이 더 편안하고 빨리 도착하는 방법입니다. 사람은 결국 '사람다움의 길'을 갈 때 장애물을 최소화하면서 걸을 수 있습니다.

양심과 도덕은 눈치를 봐야 하는 소극적인 대상이 아닙니다. 양심과 도덕은 적극적인 교육의 대상으로 거듭나야 합니다. 과거의 수동적인 규범과 통제의 개념에서 벗어나는 것이 시급해요. 양심과 도덕은 '인간과 자연과 우주'가 서로 통하는 큰 질서입니다. 지금 세상은 인간과 인간, 인간과 사회, 인간과 자연이 모두 막혀 있어요. 그들 사이에 장애물이 첩첩이 쌓여 있습니다. 답답함을 느끼는 사람들은 그 장애물을 없애고 숨통을 틔워줄 새로운 에너지를 찾고 있습니다.

우리는 자녀들에게 그 길을 찾을 수 있도록 환경을 만들어줘야 합니다. 맹자의 '양심사상'을 만나게 해주고, 노자의 '도덕사상'을 만날 수 있도록 기회를 마련해 줘야 합니다. 양심과 도덕은 과거가 아니라, 첨단 우주과학과 통하는 미래의 학문이기 때문입니다.

06

왕자와 거지는
공통점이 더 많다

　걸인과 나는 다른 점이 많을까, 같은 점이 더 많을까? 남자와 여자
는 다른 점이 많을까, 같은 점이 더 많을까? 아이와 어른은 다른 점이
많을까, 같은 점이 더 많을까? 우리나라 사람과 외국 사람은 다른 점이
많을까, 같은 점이 더 많을까? 고대 서양 사람과 현대 동양 사람은 다른
점이 많을까, 같은 점이 더 많을까? 기독교 신자와 불교 신자는 다른 점
이 많을까, 같은 점이 더 많을까? 원시인과 아인슈타인은 다른 점이 많
을까, 같은 점이 더 많을까?

　한 번 생각해 본 적이 있는지, 혹 답을 알고 있나요?

사람과 사람은 서로 다른 점보다는 같은 점이 훨씬 더 많습니다. 큰 사람이란, 다른 점보다는 같은 점을 더 잘 보는 사람입니다.

맹자가 말하였다.

"풍년에는 젊은이들이 대개 넉넉하지만 흉년에는 젊은이들이 포악하게 된다. 이것은 하늘이 부여한 그들의 재주가 이렇게 다른 것이 아니라 그들이 마음 쓰는 바가 그렇게 만드는 것이다. 지금 밀을 파종하고 씨앗을 덮는데 땅이 같고 심는 시기가 같으면 무럭무럭 자라서 일지 또 때 모두 익는다. 이때 비록 수확량이 똑같지 않다면 그것은 땅의 비옥하고 척박함에 따라 다르며 비와 이슬이 내려주는 기후 조건, 들어간 인간의 노력이 같지 않았기 때문이다. 그러므로 무릇 동류인 것은 대부분 서로 같은 법이다. 그런데 어찌 인간에 대해서만 유독 그러한 사실을 의심하겠는가? 성인도 나와 같은 부류의 사람인 것을!"

『맹자』 '고자편'에 나오는 이야기입니다.

성인도 나와 같은 부류의 사람입니다. 성인도 나와 같은 점이 더 많다는 이야기예요. 그렇다면 맹자는 무슨 근거로 인간은 같은 점이 더 많다고 주장했을까요?

첫째, 인간은 보편윤리를 세울 수 있기 때문입니다. 다른 점이 많다면 모든 인간이 믿고 따를 수 있는 근간을 합의하지 못하기 때문이죠. 둘째, 인간은 평등하기 때문입니다. 하늘은 모든 사람에게 똑같은 본성을 내려주었습니다. 다만 어떤 환경에서 어떤 의지를 가지고 사느냐는 노력의 차이가 있을 뿐이에요. 그 노력의 차이도 모든 사람에게 공평하게 적용되는 점입니다. 셋째, 자기의지와 선택에 대한 책임감을 부여할 수 있기 때문입니다. 다른 점이 많다면 나 이외의 환경을 탓할 수 있는 빌미를 제공하게 돼요. 모든 인간에게 기회의 조건이 같다면 그에 대한 책임은 자신에게 있는 것이라고 할 수 있습니다.

우리 사회는 사람을 볼 때 같은 점보다는 다른 점을 더 주시합니다. 있는 집 사람과 없는 집 사람을 구별해요. 공부 잘하는 자녀와 못하는 자녀를 구분해요. 여당의 색깔인지 야당의 색깔인지 예리하게 나누어요. 어떤 직업을 가졌는지, 어느 학교를 나왔는지, 어느 지역 출신인지, 어떤 차를 몰고 다니는지, 마치 연구라도 하듯이 다른 사람과의 차이점을 찾고 그걸 바탕으로 타인을 바라봅니다.

우리는 왜 타인에게서 나와 다른 점을 보려고 할까요?

그것은 사람을 손익의 기준으로 생각하기 때문입니다. 다른 점을 찾는 것은 어찌 보면 나에게 이익이 되는 사람과 나에게 손해를 끼칠 사람을 구별하려는 지극히 본능적인 발상입니다. 하지만 손익을 기준으로 다른 점을 보기 시작하면 모두가 불행해집니다. 이게 무슨 말인지 몇 가지를 근거로 한 번 살펴보겠습니다.

첫째는 '비교의식'이 길러지기 때문이에요. 비교는 건강한 목적을 충족시키기 위한 방법으로 그쳐야 합니다. 비교 그 자체를 목적에 두기 시작하면 본래의 목적을 잃게 됩니다. 목적을 잃게 되면 수단과 방법을 가리지 않고 도구에 매몰되기 쉬워요. 가령 어떤 부모가 내 자녀와 이웃집 자녀의 학교성적을 비교한다고 가정해 보세요. 내 자녀는 학원도 다니고 과외공부도 시켰는데 이웃집의 혼자서 공부하는 친구가 성적이 더 높게 나왔다든지, 이웃집 자녀는 부모가 간섭하지 않아도 잘만 하는데 내 자녀는 도와주어도 이웃집 자녀보다 성적이 오르지 않는다는 등의 비교는 비교 자체를 목적으로 하는 태도라고 할 수 있어요. 학교성적을 비교하는 목적은 우리 자녀들의 잠재성을 발견하는 데 두어야 합니다. 또한 동년배 자녀들과 비교했을 때 상대적으로 무엇이 강점이고 약점인지 따져보며 약점을 보완하여 강점을 키우려는 데 비교의 목적을 두어야 하는 것입니다.

둘째는 '구심점'이 없어지기 때문이에요. 우리는 각자의 눈으로 현상을 바라봅니다. 저마다 자기의 손익이 기준이 돼요. 이것은 전체의 관점에서 다른 점을 보고, 전체와 조화를 이루기 위한 다름이 무엇인지를 보지 못한다는 것이에요. 이러한 현상은 대립과 갈등을 만들어내는 온상이 됩니다.

셋째는 '서로를 탓하는 구조가' 되기 때문이에요. 각자의 손익을 기준으로 다른 점을 보기 시작하면 서로가 예민해져요. 서로가 서로를 경계의 대상으로 보기 시작합니다. 경계하는 마음으로 보는 '다름'은 장점보다는 단점이 더 잘 보이도록 만드는 법이에요. 그 속에서 서로를 의심하는 싹이 틉니다. 그 의심의 벽은 시기와 질투로 발전하기 쉬워요.

이러한 상태에서는 나에게 조건이 유리할 때는 별 문제가 되지 않지만, 조건이 나에게 불리해지면 상대방의 결점을 빌미로 책임을 전가하려 덤벼들게 됩니다.

내 경험으로 보아, 건강한 자에게는 맛있는 빵도 아플 때에는 먹기 어렵고, 건강한 눈에는 즐거움인 빛이 아플 때에는 고통스럽다는 사실은 전혀 이상하지 않습니다. 마찬가지로 사악한 자들은 마치 독사나 벌레를 싫어하듯이 당신의 정의를 혐오합니다. 그러나 실제로 독사나 벌레도 당신이 선하게 창조한 존재로서, 나름대로 당신의 창조 질서에 속합니다. 실상 그 사악한 자들도 창조의 낮은 질서에 속하며, 당신과 다른데, 높은 질서에 속할수록 당신과 닮아 갑니다. 그리하여 악이 무엇인지에 대한 질문에 대해서, 악은 실체가 아니라 당신에게서 벗어난 의지의 왜곡임을 나는 알았습니다. 의지의 왜곡이라 함은 최고의 실체이신 하느님으로부터 돌아서서 낮은 질서로 떨어져 외부 것들에 대한 욕망으로 잔뜩 부풀어 있음을 의미합니다.

아우구스티누스의 『고백록』 일부분입니다.

그는 하느님이 존재한다면 왜 사람들에게 악을 만들어서 고통을 주는지, 도대체 악은 무엇인지 그 실체를 밝히려 몸부림칩니다. 결론은 이 세상에 악은 없다는 것이에요. 악은 선의 결핍으로써 잠시 잠깐의 외도일 뿐 실체가 아니라고 귀결 짓습니다.

58

하느님의 큰 질서에서 보면 사람들이 각자 만든 작은 질서는 하느님의 질서 안에 들어옵니다.
창조질서의 눈으로 보면 모든 사람이 같아 보입니다.

하느님의 큰 질서에서 보면 사람들이 각자 만든 작은 질서는 하느님의 질서 안에 들어옵니다. 창조질서의 눈으로 보면 모든 사람이 같아 보입니다. 구성원 모두 하느님의 질서에서 각기 맡은 다른 역할을 하고 있을 뿐이죠. 하지만 작은 질서의 눈으로 보면 사람들은 모두 다른 모습입니다. 겉으로 드러난 욕망의 그림자가 보이기 때문이지요. 어디를 볼 것이냐를 결정하는 우리의 의지에 따라 사람을 판단하게 되고, 그것으로 인해 결국 삶의 모습이 달라지는 것입니다.

사람은 대상을 바라볼 때 '같은 점'을 보는 능력을 먼저 익히고 배워야 행복합니다. 같은 점을 보면 더 본질적인 것을 보고 관계를 맺을 수 있어요. 본질적인 것은 피상적인 것보다 안정적이고 편안함을 가져다줍니다. 본질은 모두에게 통하는 길이기 때문이에요. 가령 학교에서 교사가 학생들을 볼 때 부모의 직업이나 겉으로 드러난 학생의 학습태도 등 다른 점을 파악하려 들기보다는 자녀들이 세상을 위해 꾸는 공통된 꿈을 보려고 하는 것이 더 본질적인 태도라고 할 수 있어요. 같은 점을 보기 시작하면 세상이 더 아름다워 보입니다. 같은 점에서 보면 서로가 서로를 돕는 소중한 존재라는 것을 알게 됩니다. 그래서 같은 점을 보면 여유와 포용력이 생깁니다.

오늘날 공부는 다른 점을 배우는 데 초점을 두고 있습니다. 교과목과 교과서 내용이 필요 이상 쪼개져 있습니다. 수학은 수학으로만 보고, 음악은 음악으로만 구분해서 학습해요. 수학교과와 음악교과의 같은 점을 보려는 시도는 찾아보기가 어려워요. 교사도 전문화되어 수학 교사는 수학만 가르쳐요. 수학교사가 음악이나 도덕을 가르치려고 하면 자녀들은 자연스럽게 받아들이지를 않아요. 평가방식도 구분과 선발의 기능을 강조하다 보니 자녀들을 평가하는 기준 역시 다른 점에 치우치게 됩니다.

다문화에 대한 접근도 다름에서 시작하여 다름으로 끝나는 경우가 많습니다. 우리나라와 다른 나라의 같은 점이 무엇인지에 초점을 두고 가르치지 않는다는 이야기예요. 장애 자녀에 대한 접근방식도 마찬가지예요. 장애 자녀와 일반 자녀는 다른 점보다는 같은 점이 더 많은데 우리는 장애 자녀들의 다른 점을 이해시키려 들어요. 문제 학생을 바라보는 시선이나 해결방법도 우리 교육이라는 큰 틀의 같은 점에서 접근하기보다는 학생들 개개인의 특수한 환경과 성향으로 파악하려고 해요. 물론 어느 곳이나 특수한 면은 있기 마련입니다. 저는 그걸 부정하는 것이 아니라 우리 교육환경이 다른 점을 보는 데 지나치게 치우쳐 있다는 점을 지적하고 있는 것입니다.

다른 점에 초점에 둔 교육은 효율적인 것처럼 보여도 결국 낭비로 흐르기 쉽습니다. 전체적인 본질은 보지 못하고 지엽적이거나 일시적인 현상에만 에너지를 쏟기 때문이죠. 교육의 축을 '다른 점' 보기에서 '같은 점' 보기로 전환해야 합니다. 전체를 알아야 그 속에 있는 부분을 더욱 잘 살릴 수 있습니다.

문 밖을 나가지 않아도 세상을 다 알며,

창밖을 엿보지 않아도 하늘의 도리를 다 안다.

멀리 나갈수록 아는 것이 더 적어진다.

그러므로 성인은 나가지 않고도 다 알 수 있고,

보지 않고도 분명히 알 수 있으며,

하지 않아도 이룰 수 있다.

노자의 『도덕경』 '47장'입니다.

노자는 다른 점을 찾는 공부는 바쁘기만 할 뿐 얻는 게 없다고 주장합니다. 지식은 쌓고 쌓아도 끝이 없으며, 결국 시간이 지나면 무용지물이 된다는 것을 잘 알기 때문이죠. 노자는 '근본 이치'를 공부하라고 권하고 있습니다. 자연의 근본 이치는 어느 곳, 누구에게나 공통으로 통하기 때문이에요. 이것이 같은 점에서 출발하는 공부입니다. 이 공부는 문 밖을 나가지 않아도 알 수 있고, 하지 않아도 그 결과를 내다볼 수 있다고 말해요. 진리는 궁극적으로 통한다는 이야기입니다.

세상이 점점 더 무서워지고 있습니다. 서로가 서로를 믿을 수 없는 방향으로 흘러가고 있어요. 서글픈 일이죠. 자녀들에게도 세상과 사람을 믿지 말라고 가르칩니다. 언론에 오르내리는 각종 사건과 사고를 볼 때마다 자녀들에게 어떻게 설명해야 할지 난감해집니다.

이런 상황에서 부모는 자녀에게 무엇을 어떻게 가르쳐야 할까요?

문제는 감춘다고 해결되지 않아요. 원인을 찾아야 합니다. 우리는 지금까지 문제의 원인을 서로를 탓하는 점에서 찾으려 했어요. 이게 잘못된 접근이었습니다. 다른 점이 아니라 같은 점에서 원인을 찾아야 해요. 그러기 위해서는 자녀들에게 '같은 점'을 보게 하는 연습을 시켜야 합니다. 같은 점은 새로운 출발 지점입니다.

미래의 세상에는 인류가 서로에게서 같은 점을 발견하고 알게 되기를 희망합니다. 그래서 한 마음, 한 뜻으로 한 세상을 만들어가는 날을 기대해 봅니다.

07

마음에도
먼지가 쌓인다

볼 것이 참 많은 세상입니다. 이제는 백화점이나 시장에 직접 나가지 않아도 구경거리가 넘쳐나요. 스마트폰 하나면 세상만사를 다 구경합니다. 클릭만 하면 손바닥 위에 놓인 액정화면에서 세상을 훤히 들여다볼 수 있어요. 그 속에서 끼 있는 사람도 만나고, 세계 곳곳에서 벌어지는 사건도 볼 수 있으며, 갖고 싶은 희귀한 물건도 마음껏 들여다볼 수 있습니다. 그곳에 있으면 시간가는 줄을 모릅니다. 눈을 자극하고, 귀를 유혹하고, 마음을 사로잡아요. 별천지가 따로 없어요. 딱하나 아쉬운 점이 있다면 그 신세계에 들어가기 위해서 시간과 돈이라는 입장료를 지불해야 한다는 것입니다.

견물생심이라는 말이 있습니다. 보면 보는 것으로 그치지 않아요. 우리의 다양한 욕망을 자극합니다. 특히 물질은 보면 볼수록 그 특성상 소유하고 싶은 욕구를 느끼게 하죠. 누구나 물질적인 풍요로움을 원해요. 그게 잘못된 생각이라고 말할 수는 없습니다. 하지만 그것에만 치우치는 게 문제입니다. 또 다른 화를 불러올 수 있기 때문이죠.

물질만능주의가 그 예라고 할 수 있습니다. 똑같은 구조의 아파트라고 하더라도 물질가치의 조건에 따라 몇십 배의 가격 차이가 납니다. 깨끗한 공기와 소음이 적은 외곽에 있는 아파트보다는 도심 안에 자리하고 있더라도 교통과 지역의 정서가치를 충족시켜주는 아파트가 더 비싸요. 진리를 논하는 학교에서조차도 물질가치가 판단의 기준이 됩니다. 소위 인기학과라 불리는 곳은 대부분 물질가치를 기준으로 시장논리에 따라서 분류한 것입니다. 심지어 사람의 몸조차도 물질가치로 환산해요. 취업과 생계를 위해서 외모 가꾸기에 투자를 아끼지 않는 것은 이러한 맥락에서입니다.

물질만능주의는 불필요한 부가가치를 만들어 냅니다. 하지만 그 거품의 대가는 누군가 치르게 되어 있어요. 치솟는 주택 값과 교육비 그리고 외모에 쏟는 비용은 날로 늘어만 갑니다. 눈덩이처럼 커져가는 거품을 언제까지 유지할 수 있을지 심각하게 고민해야 할 때입니다. 인간의 삶에서 물질을 도외시할 수는 없겠지요. 그런데 문제는 그 물질가치에 길들여져 물질 뒤에 가려진 또 다른 소중한 가치를 보지 못하는 데 있습니다. 길들여진다는 것은 게으름의 변명일 뿐입니다.

내가 당신을 사랑함은 어떤 모호한 느낌이 아니라 분명하고 확실합니다. 당신의 말씀은 나의 가슴을 치고, 그때부터 나는 당신을 사랑했습니다. 이 밖에도 하늘과 땅과 그 안의 모든 것들이 내가 당신을 사랑해야 한다고 명령합니다.

그들의 소리는 끊임없이 모든 사람들의 귀에 메아리쳐, 당신을 사랑하지 않는다는 핑계를 댈 수 없게 합니다. 그러나 이 모든 것보다도, 당신은 불쌍히 여길 자를 불쌍히 여기시고, 자비를 베풀어야 할 곳에 당신의 자비를 보이십니다. (로마서 9:15) 이러한 당신의 자비가 없다면, 하늘과 땅이 당신을 찬미하는 소리도 우리는 들을 수 없을 것입니다.

감각에 아무 문제가 없는 사람이라면 이 세상의 아름다운 형체를 분명히 볼 수 있습니다.

그렇다면 그것은 왜 모든 사람에게 다가올까요? 크거나 작거나 모든 동물도 그것을 알지만, 그들은 그 의미를 물어볼 수 없습니다. 왜냐하면 동물들은 감각으로 인식된 여러 가지 내용을 판단할 이성이 없기 때문입니다. 그러나 인간은 물어볼 능력이 있어, 하느님의 보이지 않는 속성을 그 피조물을 통해 보이게 할 수 있습니다. 그러나 인간들은 피조물을 너무 좋아해 그 피조물의 노예가 되고 말았습니다. 노예는 판단 능력이 없습니다. 그러므로 이 모든 것들은 판단력이 있는 사람들의 질문에만 답합니다. 피조물은 사실 모든 사람들에게 똑같은 말을 하지만, 감각을 통해 밖으로부터 들어오는 소리를 안의 진리와 비교하는 사람들만이 그 의미를 이해할 수 있습니다.

아우구스티누스의 『고백록』 일부분입니다.

그는 동물과 인간의 차이를 '질문하는 존재인가, 아닌가'라는 것으로 구별했습니다. 동물은 눈에 보이는 물질의 세계가 전부예요. 현상에 드러난 모습을 감각을 통해 판단하고 생존과 번식에 충실하면 그만입니다. 그러나 인간은 이성을 통해 눈에 보이지 않는 세계를 묻는 존재예요. 내가 가는 길이 맞는지 하늘에 묻습니다. 자연현상에 대하여 왜 그러한지, 땅에 묻기도 합니다. 함께 사는 사람에게 무엇이 필요한지, 불만과 걱정거리가 무엇인지 묻기도 합니다. 묻는다는 것은 새로움에 대한 도전이며, 자기 부족함의 긍정적인 인정이에요. 또한 묻는다는 것은 완전에 더 가까이 다가가려는 인간의 정직한 고백이기도 합니다.

아우구스티누스에 따르면 인간은 자신의 피조물, 즉 물질에 갇히게 되면 물질의 노예가 되고, 그 결과 질문의 문이 닫히고 만다고 합니다. 물질에 대한 욕망이 그 문을 견고하게 지키고 있기 때문이에요. 질문이 없으면 인간은 동물과 큰 차이가 없어집니다.

성인들은 '질문의 문'이 닫히지 않도록 치열하게 노력한 사람들입니다. 성인들은 물질 뒤에 가려진 눈에 보이지 않는 부분을 예민하게 관찰하고 질문하며 그 세계를 명확하게 알려주려고 노력해요. 대부분의 사람들이 눈에 보이는 세계에 길들여져 그 속에 갇혀버리는 잘못을 범하기 때문이지요.

눈에 보이지 않는 영역은 추상적이고 어렵습니다. 서양철학에서 말하는 arche, idea, eros 등과 동양철학에서 말하는 도道, 인仁, 공空, 이理 등의 개념들은 일반인들에게는 암호처럼 다가옵니다. 설명하는 사람이나 듣는 사람이나 모두 답답할 뿐이에요. 그렇게 느끼는 것은 바라보는 영역이 서로 다르기 때문입니다.

평범한 사람들은 눈에 보이는 세계가 전부라고 알고 있는데, 실은 그 세계가 절반에 불과하다는 걸 성인들은 먼저 깨달았으며, 그 사실을 우리에게 말해 주고 있어요. 절반의 세계를 보며 판단하고 살기 때문에 오류와 갈등이 많다는 것입니다. 무명無明, 즉 어둡다는 이야기예요. 눈에 보이지 않는 세계를 밝게 비추어 보고 사는 사람이 지혜로운 사람입니다.

도道를 도道라고 할 수 있으면 도道가 아니며,
이름名을 이름名할 수 있으면 이름名이 아니다.
무無는 천지의 시작이요.
유有는 만물의 어머니이다.
그러므로 항상 무無에서 그 오묘함을 보아야 하며,

68

유有에서 그 광대무변함을 보아야 한다.

이 둘은 같은 데에서 나왔지만 이름을 달리한다.

이 둘을 하나로 말할 때에는 현玄이라고 한다.

이 둘은 현玄하고 또 현玄하니 모든 이치가 나오는 문이다.

노자의 『도덕경』 '1장'입니다.

여기서 무無는 없는 것이 아닙니다. 눈에 보이지 않는 세계의 다른 이름이에요. 그래서 무無의 세계는 섣불리 눈으로 드러나 보이는 말이나 글로 단정하기가 어렵습니다. 무無의 세계는 우주만물의 시작이며, 움직임이며, 근본법칙입니다. 무無의 세계는 눈으로 보이지는 않지만, 눈에 보이는 세계를 움직이는 에너지예요. 그래서 그 세계를 알면 알수록 오묘하기 짝이 없습니다.

그런데 눈에 보이지 않는 세계는 눈에 보이는 유有의 세계와 서로 별개가 아닙니다. 유有의 세계와 무無의 세계는 동전의 앞뒤 관계와 같습니다. 따라서 유有의 세계를 보면 무無의 세계에서 벌어지는 만물의 모태와 광대무변함을 볼 수 있어야 해요. 유有의 세계와 무無의 세계를 하나로 보는 것이 완전하게 보는 것입니다. 그 완전한 세계는 말로 표현하기가 어렵죠. 그래도 표현해 보다면 신비롭고 심오하며 깊고 고요하다고 말할 수 있습니다.

이 하나의 이치는 우주만물을 움직이는 커다란 질서입니다. 노자는 눈에 보이는 세계와 눈에 보이지 않는 세계를 관통하는 것이 '진리에 들어가는 문'이라고 말하고 있습니다.

자녀들의 학교성적은 눈에 보이는 '결과'의 세계입니다. 그 성적이 나오기까지는 눈에 보이지 않는 많은 '동기'와 다양한 '과정'이 있습니다. 그래서 정확하게 보려면 공부의 동기와 과정과 결과를 관통해 봐야합니다. 이러한 견해에 대하여 어떤 이는 우리나라의 교육구조를 따지려들지도 모르겠습니다. 평가제도는 결과만 보는데 동기와 과정을 중시하라는 것은 현실과 거리가 있다는 문제를 제기하고 싶을 거예요. 하지만 다시 한 번 잘 생각해 보면 동기와 과정 없는 결과는 없어요. 지속적으로 좋은 성적을 거두려면 '공부의 동기'와 '공부의 방법'이 튼튼해야하는 것은 당연한 것입니다.

그동안 우리는 눈에 보이는 세계에 지나치게 치우쳐 있었습니다. 눈에 보이지 않는 동기와 과정을 볼 틈과 여유를 상실하고 있었어요. 그것은 당연한 이치임에도 불구하고 그 당연함을 너무 쉽게 지나쳐 왔어요. 당연한 것에 대한 질문이 없었습니다.

이렇게 당연한 소리에 귀 기울이지 않고 억지를 부려온 결과는 어떠한가요? 자녀들에게 눈에 보이는 물질주의, 결과주의, 경쟁주의를 세뇌시키는 저의는 무엇인가요? 그것이 행복으로 가는 길이라고 장담할 수있나요?

당연한 길은 쉽고 편하고 자연스럽습니다. 우리는 자녀들에게 당연한 길을 깨달을 수 있도록 안내해 주는 용기가 필요합니다. 눈에 보이지

않는 세계까지 확장하여 보도록 하려면 기존교육의 틀이 가지고 있는
한계를 인식하고 그 틀에서 벗어나려는 다각도의 시도가 필요합니다.

"감히 여쭙겠습니다. 선생님께서는 어떤 장점이 있습니까?"

"나는 학설을 아노라. 나는 호연지기浩然之氣를 잘 기르노라."

"감히 무엇을 호연지기라 하는지 여쭙겠습니다."

"말하기 어렵구나. 호연지기에서 말하는 기氣는 지극히 크고 지극히
굳세어서, 바르게 길러 해치지 않으면 천지 사이에 가득 차게 된다.
또 그 기氣는 의義와 도道에 부합되니, 그것이 없으면 시들어 버린다.
이 호연지기는 의가 많이 모여서 이루어진 것이지 하루아침에 의가
밖에서 엄습해 와서 취해진 것이 아니다. 행함에 마음으로 만족치 못
함이 있으면 시들해지는 법이다. 그래서 나는 '고자는 아직 의를 모른
다'라고 말한 것이니, 그것은 그가 의를 외부에서 오는 것이라고 여겼
기 때문이다.

반드시 호연지기浩然之氣를 기르려고 노력하되 미리 그 효과를 기대하
지 말고 마음에 잊지 말고, 억지로 조장助長하지 말라. 송宋나라 사람
같이 해서는 안 된다. 싹이 자라지 않는 것을 안타깝게 여긴 송나라
사람이, 하루는 '오늘은 심히 피곤하다. 싹이 자라도록 도와주었더니'
하기에 그 아들이 달려가 보니 싹이 말라 있었다. 천하에 싹이 자라
는 것을 도와주지 않는 이는 적다. 유익하지 않다고 해서 내버려 두
는 자는 싹을 김매주지 않는 자이고, 억지로 조장하는 자는 싹을 뽑

아 놓는 자니, 이는 유익하지 않은 것뿐만 아니라 도리어 해치는 것
이다.

『맹자』 '공손추편'의 일부분입니다.

맹자는 학설을 안다고 큰소리칩니다. 그가 큰소리를 칠 수 있는 이
유는 사람들이 잘 보지 못하는 눈에 보이지 않는 마음의 세계를 명확하
게 보고 설명할 수 있기 때문이에요. 일반적인 사람들은 당연하다고 생
각하고 지나쳤던 마음의 세계를, 정교하게 관찰하고 정리하여 그 당시
의 물질만능주의라는 통념을 깨고 성선설에서 대안을 제시하고 있습니
다. 그리고 그는 자신의 강점을 '호연지기를 잘 기르는 것'이라고 말합
니다. 호연지기는 '진리를 체득한 내공의 에너지'예요. 그 에너지는 눈
에 보이는 세계와 눈에 보이지 않는 세계를 넘나듭니다. 그 에너지는
오랜 경험과 공부에 의해서 내공이 쌓인 것이에요. 그 에너지는 시간과
공간을 넘어서는 위력이 있습니다.

그런데 대부분의 사람들이 이러한 에너지가 눈에 잘 나타나지 않기
때문에 무시하거나 아니면 조급하게 기르려 한다는 것이에요. 무시하
는 사람들은 곡식을 뿌려 놓고 보살피지 않는 사람과 같아요. 조급하게
구는 사람은 조기에 꽃을 피우려고 싹을 뽑아 버리는 사람이에요. 이는
요즘 우리 교육의 폐단을 단적으로 지적한 말입니다. 즉 겉으로 드러난
교과 성적이나 스펙을 위해 자신의 내공을 쌓을 기회를 잃어버리고 있
는 현실을 뜻합니다.

기존의 틀을 깬다는 것은 쉽지 않습니다. 기존의 익숙한 길과 새로운 길, 이 두 길 가운데 어느 한 길을 포기해야 하기 때문이죠. 새로운 길에 대한 확신이 서야 기존의 길을 포기하고 새 길을 선택할 수 있습니다. 그런데 우리는 수십 년간 물질만능에 젖어 사는 우리의 습성을 버리기 어려워해요. 아니 불가능할지도 모릅니다. 그런데 문제는 우리의 자녀들입니다. 문제가 분명히 보이는데 우리가 풀 수 없다고 해서 감추는 것은 비겁한 행동입니다. 아무리 어려운 문제라 할지라도 정답은 있습니다. 그리고 그것을 풀어내는 사람도 분명히 존재해요. 우리 자녀들은 문제에 도전할 준비가 되어 있어요. 그들의 생존문제가 걸려 있으니까요. 부모들은 포기해야 할 기존의 틀이라는 짐이 있어서 어렵지만 자녀들은 새로운 길을 시작하기만 하면 되는 것입니다. 그래서 자녀들은 미래의 희망입니다.

봄이 되면 새싹은 때를 알고 돋아납니다. 지금 인류는 새봄을 맞이할 준비를 하고 있습니다. 자녀들이 마음껏 뛰어놀 수 있도록 부모는 기존의 틀과 그 기준에 강요된 무거운 짐을 내려놓을 때입니다.

08

그래도
정^情은 남는다

저는 엄한 아버지 밑에서 성장했습니다. 아버지는 우리 형제들이 어렸을 때부터 인성교육을 직접 시키셨어요. 인사하는 법, 식사예절, 걸음걸이 등 사소한 예절부터 가치관과 인생관에 이르기까지 당신이 알고 있는 모든 것을 가르쳐 주려 애를 쓰셨습니다. 지금도 자식들과 손자들을 만날 때면 자연스럽게 인성교육이 이루어집니다. 그 덕분에 지금까지 살아오면서 크게 어긋나지 않고 바른 길을 걷고 있지 않나 하는 생각이 듭니다.

그런데 한 가지 아쉬움은 아버지로서의 따뜻한 정情을 나눌 기회가 상대적으로 적었다는 점이에요. 지금도 인성교육을 잘 받은 것에 대한 감사보다는, 따뜻한 정을 나누지 못한 것을 아쉬워하는 것을 보면 사람의 욕심은 끝이 없나 봅니다.

공손추가 물었다.
"군자들이 자녀를 직접 가르치지 않는 것은 무슨 까닭입니까?"
맹자가 말하였다.
"형편이 그렇지 못하기 때문이다. 가르치는 자는 반드시 올바른 길로 가르치게 마련이다. 그런데 올바른 길로 가르치다가 실천이 안 되면 노하게 되고, 노하면 도리어 자녀의 마음이 상하게 된다.
이때 자녀가 '당신께서 나를 바른 길로 가르치시지만 당신께서도 바른 길로 가시는 것은 아니다'라고 생각하게 되면 이것은 부모자녀 간에 서로 의를 상하는 길이다. 부모자녀 간에 서로 의가 상하는 것은 나쁜 일이다. 그래서 옛날에도 자녀를 서로 바꾸어 가르쳤었다. 부모자녀 간에는 책선責善하지 않는 법이다. 책선하면 정이 떨어지게 된다. 정이 떨어지면 불쌍함이 이보다 더 큰 것이 없다."

『맹자』 '이루편'에 나오는 이야기입니다.
엄한 부모 밑에서 자란 자녀가 큰사람 된다는 말도 있지만 맹자는 그렇지 않다고 얘기하고 있습니다. 부모의 올바른 말은 '머리'로는 맞다고 생각합니다. 하지만 '가슴'으로는 받아들이기 어려운 경우가 많아요.

맹자는 부모와 자녀는 머리보다 '가슴'으로 관계를 맺으라고 권합니다. 여기서 가슴이란 서로의 권리와 의무를 따지기보다는 한 인간의 부족한 자연인으로서 '부끄러움 없이 나누는 사랑'을 말해요. 그렇지 않으면 소탐대실小貪大失의 결과가 나올 것이라고 충고합니다. 자녀교육은 훈계를 통한 가르침이 전부가 아닙니다. 가정은 본질적으로 따뜻한 정을 나누는 공간이기 때문이지요.

요즘은 정서조절에 어려움을 호소하는 사람들이 늘고 있습니다. 어린 자녀들부터 노인에 이르기까지 연령층도 다양합니다. 강해 보이는 사람도 정서에 상처를 받으면 쉽게 무너져요. 정서장애는 정해진 시간과 장소에 상관없이 어떤 상황을 만나면 불거집니다. 몸의 병을 예측하기 어렵듯이 정서장애 역시 예측하기가 어려워요. 그래서 증세가 악화되어서야 병원을 찾습니다. 심리 상담을 받기도 하고, 정신과 치료를 받기도 하며, 종교적인 수련을 하기도 합니다. 육체의 건강을 스스로 치유하고 지켜나가듯이 정신의 건강도 스스로 지켜나가야 합니다.

병은 기氣의 막힘에서 발생됩니다. 기는 자연의 흐름을 타고 순환해요. 그런데 그 흐름에 이상이 생기면 통증으로 신호를 보냅니다. 그러면 전문가는 그 통증 부위를 찾아서 다시 기가 순환하도록 도와줍니다. 원래 몸은 완전한 자동시스템이에요. 그 시스템의 이치를 잘 알고 관리하는 주인을 만나면 건강을 오래 유지할 수 있고, 그렇지 못한 주인을 만나면 자주 고장을 일으키거나 단명하게 됩니다.

기는 자연의
흐름을 타고 순환~

자연의 흐름에서 보면 육체적인 건강과 정신적인 건강은 동일합니다.
마음이 아프면 몸이 아프고, 몸이 아프면 마음이 아픕니다.

자연의 흐름에서 보면 육체적인 건강과 정신적인 건강은 동일합니다. 마음이 아프면 몸이 아프고, 몸이 아프면 마음이 아파요. 전통적으로 기氣는 심신을 동시에 설명하는 에너지 개념입니다. 일반적으로 몸의 에너지 흐름을 논할 때 머리, 가슴, 배로 구분해 설명합니다. 머리는 상단전, 가슴은 중단전, 배는 하단전이라고 합니다. 상단전은 '이성'이 관장하고, 중단전은 '감정'이 관장하며, 하단전은 '욕망'이 관장합니다.

이성과 감정과 욕망이 균형을 유지하며 제 기능을 하면 건강은 유지됩니다. 그러나 이들이 각각 제 기능을 하지 못하거나 어느 쪽으로 치우쳐 있을 때 건강에 이상이 옵니다. 그렇기 때문에 정서장애는 이성과 감정과 욕망을 아우르는 총체적인 접근이 필요합니다.

사람은 살면서 만남, 주고받음, 헤어짐을 반복합니다. 이 과정에서 정서는 '이성'과 '감정'과 '욕망'의 반응을 기억합니다. 반응의 충격이 클수록 더 강하게 그리고 오래도록 기억해요. 그 기억은 긍정의 에너지일 수도 부정의 에너지일 수도 있어요. 정서는 가까이에 있는 사람일수록 반응을 왕성하게 하죠. 건강한 정서를 유지하기 위해서는 가까운 사람들과 기억을 자주 나누어야 합니다. 긍정의 기억을 꺼내어 나누면 기쁨의 에너지가 배가 됩니다. 부정의 기억을 꺼내어 나누면 정서가 순화되어 안정을 회복해요. 부정의 기억은 오래 묵혀두면 화의 불씨가 됩니다. 그러므로 부정의 기억을 순화하여 긍정의 에너지로 승화하는 연습이 필요합니다.

석가가 말하였다.

"그렇다. 중생의 마음에는 진실로 다른 경계가 없으니, 어째서인가?
마음은 본래 맑기 때문이며, 이쁜에는 더러움이 없기 때문이다. 경계
에 물들었기 때문에 삼계三界라고 하며, 삼계의 마음을 다른 경계라
한다. 이 경계는 허망하여 마음으로부터 변화하여 생겨난 것이니, 마
음에 만일 허망함이 없다면 곧 다른 경계가 없어지게 된다."

석가의 『금강삼매경』 일부분입니다.

사람이 만나서 주고받음이 없었다면 '일'도 없고 '기억'도 없습니다.
그런데 인간은 주고받다 보면 '욕심'이 생기게 되고 그 욕심이 커지게
되면 '집착'이라는 기억의 경계가 발생합니다. 그 경계를 세 가지로 구
분한 것이 삼계입니다.

삼계란 첫째는 '욕계'입니다. 욕계는 탐욕이 들끓는 세계로 가장 고
통이 많은 세계예요. 둘째는 '색계'입니다. 색계는 일단 탐욕의 세계에
서는 한 발짝 벗어났으나 아직 형상에 얽매여 있는 세계예요. 셋째는
'무색계'입니다. 이 단계는 허공의 속박에서 완전히 벗어난 단계로 순수
한 선정의 세계입니다. 무색계는 만나서 주고받았는데 주고받음이 없
었던 것처럼 맑고 깨끗한 '처음마음'의 상태를 말합니다. 부정의 기억은
방치하면 욕계나 색계에 빠지기 쉽습니다. 허망한 마음이 끊임없이 발
생하기 때문이죠. 따라서 부정의 기억은 나누고 또 나누어서 만나기 이
전의 처음마음으로 되돌려 놓아야 합니다.

당신이 나의 그러한 악한 죄와 행동을 용서해 주셨기에 나는 주님 당신을 사랑하며, 당신께 감사하며, 당신의 이름을 찬양합니다.

내 죄가 얼음이 녹듯이 녹아 사라짐은 당신의 은혜와 자비로 말미암아서입니다. 또한 내가 악한 일을 하지 않는 것도 당신의 은혜 때문입니다. 사실 나는 죄 때문에 죄를 지었으니 내가 무슨 일이든 저지를 수 있었습니다.

이제 당신은 나의 모든 죄, 내가 행동으로 옮기지 않는 죄까지도 다 용서하셨음을 압니다.

아우구스티누스의 『고백록』 일부분입니다.

사람은 만나서 주고받고 떠나는 것은 피할 수가 없습니다. 그런데 이 과정에서 만나지 말아야 할 사람을 만나 서로 상처를 주고받기도 합니다. 또한 주고받음에 있어서 덜 주어도 문제고 덜 받아도 문제며, 더 주거나 더 받아도 문제가 됩니다. 만남도 어렵지만 헤어지는 것도 쉽지 않은 선택이에요. 그렇다고 관계를 짓지 않고 혼자 사는 것도 어려운 일입니다.

아우구스티누스는 사람은 미완성적인 존재인 만큼 하느님으로부터 용서를 받는 것이 최선의 길이라고 말합니다. 내가 용서를 받아야 남도 용서할 수 있습니다. '용서'는 자신의 정서를 치유하는 '최고의 에너지'입니다.

세상이 점점 더 각박해지고 있습니다. 그러면 그럴수록 정서는 더욱 불안해집니다. 특히 자녀들의 정서는 작은 소리에도 예민하게 반응해요. 성장기의 아픈 정서는 평생 갈 수 있습니다. 그런 자녀들에게 가정은 정서를 잡아주는 보금자리입니다.

부모는 자녀들의 작은 소리라도 잘 듣고 정서를 체크해야 합니다. 그리고 정서에 조금이라도 이상이 느껴지면 사랑의 눈빛으로 소통하려는 노력이 필요해요. 그리고 자녀들에게도 예禮를 갖추어 대해야 합니다. 자녀들을 무시하거나 거부하고 그로 인해 배신감을 느끼는 순간 자녀들의 정서는 상처를 받습니다. 그 상처는 주는 사람보다 받는 사람이 더 오래 기억합니다. 그렇게 때문에 쓰레기통을 비우듯이 매일매일 정서를 정화하는 연습을 해야 한다는 걸 가르치고 배워야 합니다. 감성의 시대, 정서를 잘 읽고 조절하는 사람이 세상을 이끌 수 있습니다.

09

바람은 흘러가기 때문에
다시 온다

한동안 담장 허물기가 유행한 적이 있습니다. 이웃과 이웃 사이의 담장을 헐고 그 사이에 화단을 만듭니다. 블록과 블록 사이의 벽을 허물고 그 공간에 공용 주차장을 만듭니다. 아파트와 도로 사이의 벽을 허물고 그 사이에 나무를 심습니다. 학교와 동네 사이의 벽을 허물고 텃밭을 만듭니다. 하지만 이런 것들은 외부의 물리적인 변화에 불과합니다.

원래 '벽 허물기'는 벽이 이쪽저쪽 모두에게 손해라는 것을 인식하고 더불어 사는 공동체의식을 회복하기 위해 시작한 가치 변화운동이었습니다. 벽은 불신과 불안의 심리적인 상징물이기 때문입니다. 벽이 높고 견고할수록 위험의 정도가 큰 사회입니다. 날로 견고해져가는 벽에 대한 의식을 고찰해 볼 필요가 있습니다.

우리 사회는 외형적으로 보면 교통과 통신의 발달 그리고 인터넷 등 쌍방향 문화의 확산으로 벽이 점점 허물어지고 있는 분위기예요. 하지만 정작 마음의 벽은 더욱 단단해지고 있어요. 마음의 벽을 스스로 쌓고 있습니다. 스스로 똑똑하고 잘났다고 생각하는 사람일수록 그 벽은 단단합니다. 왜냐하면 아쉬울 게 없다고 판단하기 때문이죠. 사람은 주고받을 것이 있다고 판단할 때 마음의 문을 열어요. 내 것을 빼앗길까 두려워서예요. 많이 가졌다고 생각하는 순간 가지지 못한 사람을 의식하게 되고 내 삶을 감추고 싶어 하죠. 외형으로 비친 나의 잘난 이미지가 손상될까 불안해하는 것입니다. 이것이 마음의 벽을 쌓는 사람들의 특징입니다.

공자가 말하였다.
"군자는 자신에 대해 자긍심은 갖지만 남과 경쟁하지는 않고
무리들과 조화하지만 패거리 짓지는 않는다."

공자의 『논어』 '위영공편'에 나오는 이야기입니다.
공자는 패거리문화를 사리사욕의 경쟁심에서 비롯된다고 말합니다. 사리사욕을 정당화하려면 지지하는 세력이 필요합니다. 법과 규칙을 넘

어서는 지인들의 도움이 필요한 것이죠. 그런데 정당한 방법으로 사리사욕을 채우기는 어렵습니다. 패거리문화는 경쟁을 좋아하는 사람들이 만들어가는 작품이라 할 수 있습니다.

우리는 그러한 패거리문화에 들러리 서지 않도록 조심해야 합니다. 군자는 그것을 알기 때문에 자신의 몫에 충실할 뿐입니다. 다른 이들과 경쟁하는 대신 자기 자신의 떳떳함을 갖추기 위해서 스스로와 경쟁합니다. 군자는 자기에 대해서 당당하기에 자긍심이 살아 있습니다. 또한 군자는 사리사욕을 채우기 위해서 다른 사람들을 이용할 필요가 없기에 패거리를 만들지도 거기에 참여하지도 않습니다.

마음의 벽을 쌓는 사람들은 외롭습니다. 그래서 끼리끼리 문화를 만들어요. 끼리끼리 문화는 목적과 성격에 따라서 여러 가지 형태로 발달합니다. 특수한 비즈니스클럽에서부터 일반적인 동창회, 향우회, 종친회까지 다양합니다. 그 속에서 유유상종의 심경을 털어 놓지만 그 속에서도 또 다른 끼리끼리의 파벌이 생겨요. 때문에 마음이 편치가 않습니다. 마음의 벽은 그대로 남아 있습니다.

무릇 처음부터 도道에는 경계가 없고, 사람의 말에는 처음부터 정해진 것이 없었다. 말 때문에 구분이 생겨나는데 이 구분에 대해 말해보자. 왼쪽과 오른쪽을 나누고, 의견을 내놓고 이것을 증명하고, 사물을 분석하여 이것을 변론하고, 앞을 다투면서 서로 경쟁한다. 이것을 여덟 가지 속성이라고 한다.

성인은 세상 바깥에 대해 부인하지 않지만 논의하지도 않는다. 역사책에 쓰인 선왕들의 정치에 대해 검토는 하지만 따지지는 않는다. 구분하려고 해도 구분할 수 없는 것이 있고, 변론하고 싶어도 변론할 수 없는 것이 있다. 왜 그런가? 성인은 도道를 마음속에 간직하지만, 보통 사람들은 서로 보이려고 변론하려고 한다. 그러므로 변론은 도道를 보지 못해 생겨난 것이다.

무릇 위대한 도道는 설명할 수 없으며, 위대한 변론은 말하지 않는다. 위대한 인仁은 편애하지 않으며, 위대한 겸손은 밖으로 보이는 겸양이 아니다. 위대한 용기는 사람을 해치지 않는다. 도가 드러나면 도라고 할 수 없고, 말로 따지려 들면 진실에 도달할 수 없다. 인仁도 특정한 대상에 고정되면 인이 될 수 없으며, 겸손도 지나치면 위선이 된다. 사나운 용기는 언젠가 무너진다. 위의 다섯 가지는 원래 원만한 것인데, 지금은 거의 모난 데 가깝다.

그러므로 알지 못함을 알고, 멈출 줄 아는 사람이 완전한 사람이다. 누가 말로 하지 않는 변론과 도라고 말할 수 없는 도를 알 수 있을까? 만약에 이것을 아는 사람이 있다면, 그를 자연自然의 보물창고라고 할 수 있을 것이다. 이 보물창고는 채워 넣어도 차지 않고 퍼내도 비는 일이 없다. 그런데 왜 그런지는 아무도 모른다.

이런 경지를 일러 감춰도 드러나는 빛이라고 한다.

『장자』 '제물론'에 나오는 이야기입니다.

원래 자연은 하나입니다. 도道도 하나입니다. 사람도 하나입니다. 그런데 말이 생기면서 나누어지기 시작했습니다. 사람의 말은 참 묘해요. 말은 편을 가르는 속성이 있어요. 오른쪽과 왼쪽, 옳다와 그르다, 좋다와 싫다 어느 한쪽을 선택하게 만듭니다. 그리고 똑같은 말이라도 자기가 선택한 편을 유리하게 듣습니다. 우리는 말에 의해서 스스로 벽을 만들고 구속합니다.

말의 이와 같은 속성을 알고 있는 성인은 말에 갇히지 않습니다. 말을 들으면 따지지 않아요. 원래 하나의 입장에 서 있기 때문이죠. 하나일 때는 싸울 필요가 없어요. 같은 식구들이기 때문입니다. 말로 따지기 좋아하는 사람은 이미 한쪽 편으로 기울어지기 쉬운 사람입니다. 그래서 상대편과 경쟁을 해야 하기 때문에 싸워 이길 논리를 세웁니다. 성인은 도道를 마음속에 간직하지만, 경쟁의 편에 서 있는 사람은 이기려고 변론을 합니다. 변론을 잘하는 사람은 한쪽 편에서 보면 논리정연하게 맞는 말처럼 들려요. 그러나 도의 관점에서 보면 무척 어설퍼 보입니다.

어느 한쪽에만 유리한 것은 도가 아니며, 오래가지도 못합니다. 도는 양쪽 모두를 살립니다. 그래서 보물창고예요. 아무리 쓰고 또 써도 사라지지 않습니다. 이러한 경지를 장자는 '영원한 빛'이라고 말합니다.

대한민국의 에너지가 긍정적으로 흘러가기 위해서는 구조적인 패거리문화의 벽을 없애야 합니다. 그 대표적인 벽은 연고주의의 벽, 이

86

념주의의 벽, 종교주의 벽입니다. 연고주의는 혈연, 학연, 지연이 작용하는 구조로 개개인의 능력 발휘를 어렵게 만듭니다. 이념주의는 좌파, 우파 등 사람들의 사고를 편파적으로 보고 경직시킵니다. 종교주의는 종교 간 종파 간 벽을 만들어 개개인의 가치를 구속합니다. 벽이 없는 연고는 당당함을 응원하는 에너지의 고향입니다. 벽이 없는 이념은 좌우를 넘어서는 공동체의식의 거점입니다. 벽이 없는 종교는 서로에게 자유를 주는 기쁨의 장이 됩니다.

공자가 말하였다.

"더불어 말할 만한데도 말하지 않으면 사람을 잃는 것이다.

더불어 말할 만하지 않은데도 말한다면 말을 잃는 것이다.

지혜로운 자는 사람도 잃지 않고 말도 잃지 않는다."

공자의 『논어』 '위영공편'에 나오는 이야기입니다.

공자는 '관계 맺기'의 대가입니다. 그는 행복은 사람과 사람의 관계에서 마음의 벽을 없애는 데 있다고 단언합니다. 왜냐하면 살면서 가장 어려운 것이 사심 없는 인간관계 맺기이기 때문이에요. 어려움 속에 행복의 보물은 숨어 있습니다. 행복한 사람은 지속적으로 좋은 인간관계를 유지합니다. 공자는 그 비법으로 시중時中을 제시합니다. '때에 알맞게 적절한 빈 곳을 찾아주라'는 이야기예요. 그런데 타이밍 찾기도 어렵고 빈 곳 찾기도 어렵습니다. 그 어려움을 풀어가는 것이 '마음의 벽을

행복은 사람과 사람의 관계에서 마음의 벽을 없애는 데 있다고 단언합니다.
왜냐하면 살면서 가장 어려운 것이 사심 없는 인간관계 맺기이기 때문입니다.

없애는 공부'입니다.

우리 사회는 사심으로 얼룩진 패거리문화의 역사가 깊습니다. 현실에서 이러한 문화가 유효한 점도 있긴 합니다. 그렇다 해도 이런 문화를 자녀들에게 물려주어서는 안 됩니다. 패거리문화는 부모에게도 자녀에게도 사회에도 에너지 손실의 악순환 고리만을 만들어가기 때문이죠. 우리에게는 작은 이익보다 더 큰 이익을 계산할 수 있는 혜안이 필요합니다. 우리 사회문화 구조를 탓하며 나 혼자는 안 된다는 좁은 생각부터 버려야 해요. 부모는 자녀에게 당당한 삶을 살아가야 할 의무가 있습니다. 또한 역사 앞에 당당한 삶을 살아갈 권리도 있습니다.

이상적인 사회란 문제가 있다고 판단되면 그 문제를 제기하여 해결책을 찾아내고 그렇게 찾아낸 해결책이 비록 현실에서 구현되기 힘들지라도 당당하게 실천하려고 노력하는 사회입니다. 세상이 나를 바꾸어주기를 기다리는 사람에게는 희망이 없어요. 내가 세상을 바꿔야 합니다. 바꾸려고 하루하루 땀 흘려야 합니다. 그 다음은 자녀들의 몫입니다. 우리가 해야 할 일을 하지 않은 채 다음 세대에게 미루는 것은 역사 앞에 가장 큰 부끄러움입니다.

내 마음을 아는 자가
세상을 이끈다

　사람은 만나면 인사를 합니다. 무엇을 주고받을 때도 인사해요. 헤어질 때도 역시 인사를 해요. 태어날 때는 돌잔치를 통해 인사합니다. 성장해서 짝을 만나면 결혼식을 통해 인사합니다. 세상을 떠날 때는 장례를 통해 인사합니다. 그러고 보면 사람 사는 것은 인사로 시작해서 인사로 끝납니다.

　사람은 왜 인사를 할까요? 인사는 감사함에 대한 알림이에요. 인간은 태어나는 순간부터 감사합니다. 부모는 이 세상에 새 생명을 잉태할 수 있도록 도와준 많은 존재들에게 감사합니다. 자녀는 세상과 인연을 맺도록 해주신 부모에게 감사합니다. 선남선녀는 건강하게 성장하여 새로운 인생을 함께 나눌 사랑하는 배필을 만난 것에 감사합니다. 이 세상 인연으로 많은 것을 주고받고 새로운 세상으로 갈 수 있게 해준 자연에게 감사합니다. 잘 생각해 보면 인생은 감사할 게 참 많습니다.

그런데 아이러니하게도 물질적인 풍요는 감사의 가치를 빼앗아가고 있어요. 결핍의 요소가 줄어들기 때문이죠. 배가 고파야 먹는 것에 감사함이 느껴집니다. 요사이 사회에 만연하고 있는 물질주의의 척도는 물질입니다. 물질적 풍요는 모든 것을 거래적인 측면으로만 보기 때문에 문제가 발생합니다. 거래는 거래일 뿐 거래 뒤에 담겨 있는 감사의 의미를 찾으려 하지 않아요. 거래에서 손해를 보지 않기 위해 우리는 늘 바쁘게 뛰어야 하고 그래서 삶의 여유가 없어집니다. 여유가 없으면 앞과 뒤 그리고 옆을 보지 못해요. 타인에게서 도움을 받아도 감사할 여유가 없는 것입니다.

맹자가 위나라 양혜왕을 만났다.

왕이 말하였다.

"어르신께서 천리 길을 멀다 않고 오셨으니 장차 우리나라에 이익이

있겠군요."

맹자가 말하였다.

"왕께서는 하필이면 이익利을 말씀하십니까? 오직 인의仁義가 있을 따름입니다. 왕께서 '어떻게 하면 우리나라에 이익이 될까?' 하시면 대

부大夫들도 '어떻게 하면 우리 집안에 이익이 될까?' 하고, 서인庶人들도 '어떻게 하면 내 자신에게 이익이 될까?' 하고 말할 것입니다. 이렇듯 윗사람과 아랫사람이 서로 이익만을 취한다면 나라는 위태로워질 것입니다. 만승萬乘의 나라에서 군주를 시해하는 자는 천승千乘을 낼 만한 공경의 집안이요, 천승의 나라에서 군주를 시해하는 자는 반드시 백승을 낼 만한 대부의 집안입니다. 만승의 나라에서 천승을 차지하거나 천승의 나라에서 백승을 차지했다면 결코 적게 가진 것이 아닌데도 의義를 제쳐놓고 이익을 앞세운다면 서로들 빼앗지 않고는 만족하지 않을 것입니다. 반대로 인仁하면서 어버이를 저버리는 자는 없고, 의義로우면서 군주를 뒷전으로 생각하는 자도 없습니다. 그러니 왕께서는 오직 인의仁義만을 말씀하셔야지 어찌 이익을 말씀하십니까?"

『맹자』 '양혜왕편'에 나오는 이야기입니다.

사람은 마음에 무엇을 품고 있느냐가 중요합니다. 마음에 품고 있는 것이 현실로 드러나기 때문입니다. 맹자는 마음에 물질의 씨앗을 뿌리면, 그 결실은 불신과 배반으로 이어진다고 말합니다. 물질은 아무리 채우고 또 채워도 만족할 수가 없기 때문이죠. 마음에 만족이 없으면 상대에 대한 고마움도 없어요. 물질을 빼앗기 위한 아첨과 아부가 있을 뿐입니다. 맹자는 왕에게 마음속에 품고 있는 물질을 버리고 백성을 건강하게 사랑하는 인의를 품으라고 가르칩니다. 마음속에 사랑의 씨를 품으면 감사함이 저절로 생깁니다. 물질이 빼앗는 속성을 지니고 있다면 사랑은 주는 속성을 지니고 있어요. 주는 사람을 싫어할 사람은 없어요. 주는 마음을 받았기 때문에 감사한 마음이 생기는 것은 당연합니다.

요즘 자녀들은 너무 아는 게 많아요. 보는 것도 많고, 듣는 것도 많고, 배우는 것도 많아요. 자녀들에게 어릴 때부터 필요 이상의 지식을 가르쳐주는 것은 자칫 아는 체하는 병을 키울 수 있습니다. 자녀들은 가르쳐준 것만을 전부로 알기 때문입니다. 이것은 자칫 깊이 있는 배움으로 이르는 길을 방해하거나, 진정한 깨달음의 귀함을 배울 기회를 빼앗을 수 있습니다. 그리고 안다고 생각하는 순간 상대방을 무시하려는 경향이 나타납니다. 내가 상대보다 우위에 서 있다는 자만심이 생깁니다. 배움에 있어서는 감사하는 마음이 많을수록 더 많은 것을 얻습니다.

나는 당신께 어떤 것도 바치지 않았습니다. 그래서 당신의 그런 선물도 나에게는 별 도움이 되지 못하고 오히려 해가 되었습니다. 나는 나의 능력이 당신께로부터 온 것인 줄 알지 못하고 나 자신의 것인 줄 알았습니다. 그래서 나는 당신을 떠나 먼 나라로 가서 방탕한 삶을 살았습니다. 선한 것은 나의 능력이지만, 이를 바르게 사용하지 않았기에 나에게는 전혀 도움이 되지 않았습니다. 열심히 하고 재능이 있는 사람들도 이러한 학문을 이해하기란 매우 어려웠는데도, 나는 그것을 몰랐습니다.

그때 나는 학문적인 재능을 발휘하여 얽힌 문제도 스승의 도움 없이 풀어내고 이해했습니다. 그러나 당신의 사랑의 교리에 대해서는 가

증스러운 실수와 신성 모독적 잘못을 저질렀습니다. 이해력이 나보다 떨어지는 당신의 어린 자녀들에게 그 떨어지는 이해력이 과연 문제였겠습니까? 그들은 당신을 멀리 떠나지 않고 당신의 안전한 둥지에 남아 탄탄히 성장하고 또한 건전한 신앙의 양식으로 그들의 사랑의 날개가 양육받으니 오히려 아무런 해가 되지 않았을 것입니다.

아우구스티누스의『고백록』일부분입니다.

그는 이 글에서 자만심이 얼마나 어리석은 행위였는지를 고백하고 있습니다. 그는 누구에게 배우지 않고도 어려운 지식을 스스로 척척 해결할 정도로 자타가 인정하는 지식의 천재였습니다. 하느님이 준 그 천재성을 아우구스티누스는 자기 것으로 착각한 것입니다. 공부 못한 사람들을 무시하거나 불쌍하게 생각했습니다.

그런데 하느님을 알고 다시 보니 자기 자신이 한없이 초라한 존재라는 걸 알게 됩니다. 자기는 그 천재적인 능력으로 오만과 방탕 그리고 사치에 빠진 생활을 했는데, 다른 사람들은 부족함을 알고 겸손과 노력과 감사를 실천하고 살았다는 걸 깨달은 것이죠. 또한 사람다움은 '넘침'보다는 '부족함'에 있다는 것을 깨닫습니다. 이런 깨달음을 통해 얻을 수 있는 것이 바로 감사의 철학이라고 할 수 있습니다.

예로부터 하나를 얻은 것들이 있다.
하늘은 하나를 얻어 맑고, 땅은 하나를 얻어 편안하며,

신神은 하나를 얻어 신비스럽고

골짜기는 하나를 얻어 가득하고

온갖 덕은 하나를 얻어 자라나고

왕과 제후는 하나를 얻어 세상의 어른이 되는데,

이 모든 것이 하나의 덕이다.

하늘이 맑지 못하면 무너지며, 땅이 평안하지 못하면 뒤집혀진다.

신이 신비스럽지 못하면 사라질 것이며,

계곡이 가득 차지 못하면 마를 것이며,

온갖 것이 자라나지 못하면 없어질 것이며,

군주가 고귀하지 못하면 쓰러질 것이다.

그러므로 귀함은 천함을 뿌리로 삼고 높음은 낮음을 터로 삼는다.

그러므로 군주는 자기를 외롭다, 덕이 부족하다,

보잘것없는 사람으로 부른다.

이것이 바로 천함을 근본으로 삼은 것이 아니겠는가?

지극히 영예로운 것은 영예로운 것이 아니다.

아름다운 옥처럼 빛나려 하지 말고 볼품없는 돌과 같이 되어야 한다.

노자의 『도덕경』 '39장'입니다.

노자는 하나의 덕을 얻으라고 말합니다. 하나는 전체입니다. 전체의
입장에서 보면 모두가 소중합니다. 위와 아래가 없어요. 자녀가 아무리
여럿이라도 부모 눈에는 모두 귀한 자녀들입니다. 부족한 자녀가 있는

가 하면 똑똑한 자녀도 있어요. 그런데 다른 사람 눈에 잘난 자녀는 명성은 얻지만 부모 품을 떠나기 쉽습니다. 반대로 못난 자녀는 내세울 것은 없지만 부모 품에 안깁니다.

대개 사람들은 위를 보라고 가르칩니다. 위는 크고 귀하다는 생각이 지배하기 때문이죠. 노자는 그것이 자연의 질서를 거스르는 것이며 오래가지 못한다고 말해요. 현실의 가치구조는 노자와 반대입니다. 즉 현실은 수직적인 가치구조입니다. 소위 일등부터 꼴찌까지 한 줄 세우기입니다. 학교성적이 그렇고, 학교서열이 그렇고, 기업이나 직업 연봉서열이 그렇습니다. 모두가 1위를 향해 달리고 있어요. 위를 향한 치열한 전쟁터입니다. 위쪽이 전쟁이니 사회는 온통 그쪽에 관심을 둡니다. 교육제도 하나를 바꾸는 것도 실은 위쪽의 문제입니다. 위쪽으로 가치가 지나치게 쏠려 있으면 아래가 취약해집니다. 그래서 뒤집어지죠. 전체의 관점에서 보면 뒤집어져야 다시 균형을 찾을 수 있기 때문입니다.

노자는 무너지지 않고 지속가능한 길을 가기 위해서는 수평적인 가치구조여야 한다고 말합니다. 이 가치구조는 개체와 전체가 하나로 가는 길입니다. 이 길은 서로 서로가 경쟁자가 아니라 서로 부족한 것을 채워가며 손에 손을 잡고 함께 가는 자연스러움입니다. 서로가 손을 잡아주는 소중한 존재이기에 항상 감사합니다. 상대방이 없으면 불안합니다. 그래서 서로가 서로를 위해줍니다.

부모는 자녀의 건강함과 공부를 위해 늘 기도합니다. 큰 시험이 다

96

가오면 100일 기도도 마다하지 않아요. 마음 같아서는 자녀를 위해 부모가 대리시험이라도 봐줄 기세입니다. 그러나 마음은 충분히 이해하지만 현실적으로 큰 도움은 되지 않습니다. 정말 자녀에게 도움을 주고 싶다면 자녀에게 감사의 기도를 하십시오. 건강하면 건강해서 감사하고, 부족하면 부족해서 감사하다고. 잘났어도 말썽을 피워도 크게 보면 모두 감사할 일입니다. 부모와 자녀의 관계를 다시 돌아보게 하고 새로운 관계를 만들어갈 기회를 제공하기 때문입니다.

진정한 감사의 마음이 복을 주고받는 길입니다. 감사함을 통한 긍정의 기운이 정기精氣를 움직입니다. 자녀에게 감사한 것을 발견한 부모는 자녀와 탯줄로 다시 이어진 것입니다. 이런 감사의 마음은 '대상을 귀하게 여길 때' 보입니다. 부모는 오직 자녀에게 감사할 뿐입니다. 감사하고 또 감사하십시오.

2

C H A P T E R

사람의 색깔을 변화시키는 '학습' 이야기

사대부들은 태어나 어렸을 적에는 제법 글을 읽네. 하지만 성장해서는 과거 시험 문장을 중심으로 배우고, 잘 보이기 위해서 화려하게 꾸미는 글을 익숙하게 짓지. 과거에 합격하고 나면 이를 더 이상 쓸데없는 것으로 여기고, 합격하지 못하면 머리가 허옇게 되도록 이에 매달리네. 그러니 어찌 다시 이른바 고전적인 산문이 있음을 알고, 제대로 공부할 겨를이 있겠는가. ▌박지원 ▌

01

눈은 번쩍, 귀는 쫑긋,
가슴은 벌렁벌렁

요즘은 자기주도학습이 유행입니다. 자기주도학습이란, 스스로 학습에 대한 목표를 설정하고, 그 목표에 도달하기 위한 방법을 자발적 의사에 따라 선택하고 결정하며, 그에 맞추어 행동하는 것을 말합니다.

자기주도학습이 유행한다는 건 상대적으로 자기주도학습 능력이 부족하다는 것을 의미합니다. 예전에 비해 주도적인 학습능력이 떨어지고 있다는 이야기죠. 지식과 정보, 그리고 교육서비스가 발달할수록 학습의 주도력은 떨어집니다. 서비스는 불편함을 대행해 주는 개념입니다. '쉽게', '빠르게', '편리하게'라는 서비스를 학습에 적용하면 학습대행자가 생기는 격이에요. 운동을 대신해 줄 수 없듯이 학습 역시 대신해 줄 수는 없습니다. 부모는 이를 잘 알면서도 여러 가지 교육서비스에 의존하기 쉽습니다. 자녀가 스스로 목표를 설정할 능력도 의지도 부족하다는 것을 잘 알고 있기 때문이지요. 그렇다고 자녀를 맹목적으로 시류에 편승하여 의존하는 교육에 내맡길 수만은 없습니다. 문명의 흐름을 잘 읽고 그 속에서 진정한 자기주도학습이 이루어지는 길을 찾도록 지혜를 모을 때입니다.

> 공자가 말하였다.
> "내가 안회顏回와 더불어 종일토록 이야기했는데, 내 말에 대해 아무런 이의를 제기하지 않는 것이 마치 어리석은 사람 같았다. 그런데 그가 물러 간 후 혼자 있을 때 하는 행동을 살펴보니 내가 말한 바를 충분히 실천하고 있었다. 안회는 어리석지 않다."

공자의 『논어』 '위정편'에 나오는 이야기입니다.

'새겨듣는다'는 말이 무엇인지 가르쳐주는 대목입니다. 공자는 제자 안회에게 하루 종일 잔소리를 했는데 아무 대꾸가 없어서 안회를 시큰둥이로 생각했습니다. 대개 잔소리는 한 귀로 듣고 한 귀로 흘려보내는 게 예사인데 안회는 달랐습니다. 그는 잔소리를 참소리로 듣고 배우고 익혀 실천하였던 것입니다. 공자는 안회를 보며 깜짝 놀랐습니다. 가르치고 배운다는 것은 거창한 이론과 논리보다도 '눈으로 보고 귀로 듣는 감각'을 여는 것이 더 중요하다는 것을 깨달은 것입니다.

요즈음 자녀들은 보고 듣는 능력이 현저히 떨어지는 것 같습니다. 눈을 잘 마주치지도 않을 뿐 아니라, 보고 있다고 해도 건성으로 보는 척합니다. 듣는 것은 더욱 심합니다. 보는 것은 드러나기 때문에 보는 척이라도 하지만, 듣는 것은 자녀가 잘 듣고 있는 건지 도무지 알 수가 없어요. 말도 징글징글하게 안 듣습니다. 왜 그럴까요? 몸의 감각은 자연본성에 충실한 법인데 눈과 귀가 등을 돌리는 데는 그럴 만한 이유가 있습니다.

결론부터 얘기하면 자녀들의 눈과 귀는 물리적이든 심리적이든 지쳐 있습니다. 쏟아지는 지식과 정보, 그리고 화려한 문명의 불빛에 시각과 청각을 잃어가고 있는 것이죠. 문명의 세계는 볼 것도 많지만 못 볼 것도 많습니다. 들어야 할 것도 많지만 듣고 싶지 않은 것도 많아요. 눈과 귀의 입장에서 보면 정말 피곤한 일입니다. 쉬고 싶어 해요. 감각이 보호본능에서 문을 점점 닫고 있는 것입니다.

시각과 청각은 학습과 직결됩니다. 원래 우리말 '본다'는 '인식한다'는 의미로 쓰입니다. 예를 들어 '먹어 본다', '생각해 본다', '사귀어 본다', '실천해 본다'는 것은 단순한 행위를 넘어 인식한다는 의미가 내포되어 있습니다. 학습의 기본은 잘 보고 잘 듣는 데 있습니다. 동일한 지식과 정보를 전달받아도 보고 듣는 역량에 따라서 반응과 기억은 천태만상입니다. 각자의 인식범위만큼 보고 듣기 때문입니다. 어떤 사람은 눈에 보이는 것만 봅니다. 그런가 하면 눈에 보이는 것은 물론이고, 그 이면에 있는 눈에 보이지 않는 세계까지 들여다보는 사람도 있어요. 듣는 것도 마찬가지입니다. 물리적인 소리만 듣는 사람이 있는가 하면, 그 너머 의미의 소리까지 듣는 사람도 있습니다.

> 먼저 마음을 하나로 모으거라.
> 그리고 귀로 듣지 말고 마음으로 들어라.
> 다음엔 마음으로 듣지 말고 기氣로 들어라.
> 왜냐하면 귀는 소리만 듣고,
> 마음은 고작 사물만 인식하지만,
> 기는 텅 비어 있어 무엇이든 받아들인다.
> 도道는 기로 들어야 완전히 나타나는 법이다.
> '마음을 깨끗이 한다'는 것은 바로 이런 것을 말한다.

『장자』 '인간세편' 일부분입니다.

장자는 들음의 공부방법을 단계별로 설명하고 있습니다. 1단계는 듣고자 하는 '마음의 자세'를 가다듬는 단계예요. 아무리 소중한 자료와 훌륭한 교사가 있다고 하더라도 받아들일 자세가 되어있지 않다면 아무 소용이 없습니다. 2단계는 '귀로 듣는' 단계예요. 물리적인 소리를 정확하게 듣는 단계입니다. 3단계는 '마음으로 듣는 단계'예요. 물리적인 소리가 어떠한 메시지와 의미를 가지고 있는지 해석하며 듣는 단계입니다. 4단계는 '기氣로 듣는 단계'예요. 기로 듣는다는 것은 근본 이치를 깨닫는 단계를 말해요. 기氣가 텅 비어 있어 무엇이든 받아들인다는 것은 물아일체物我一體를 말합니다. 장자의 말대로 공부를 잘하려면 마음을 깨끗이 비워야 합니다. 그래야 공부의 대상이 잘 보이고 잘 들립니다.

그동안 현대교육은 지식을 넣어 주려는 데만 초점을 두었습니다. 그런데 지나치게 비대해진 지식과 정보는 인간에게 골칫거리가 되고 있어요. 지식은 인간을 위한 지식이 아니라 '지식을 위한 지식'으로 달리고 있습니다. 일명 데이터스모그 현상이 나타나기 시작한 것입니다. 그 결과는 별로 좋지 못합니다. 지식을 수용하는 보고 듣는 감각이 마비를 일으키고, 심하면 데이터 거부증세가 나타나기까지 합니다.

지식을 바라보는 관점의 전환이 필요합니다. 지식의 과유불급을 인식하고 감각의 소리에 귀 기울여야 해요. 감각이 주인입니다. '감각이 죽으면 지식은 무용지물'입니다 . 감각을 살려야 지식도 살릴 수 있습니다. 이제 '감각'도 교육의 대상으로 받아들여야 합니다.

시선을 어두운 곳에서 밝은 곳으로 돌리기 위해서 몸 전체를 돌리지 않으면 안 되는 것과 마찬가지로, 영혼 가운데 있는 그러한 능력과 지적 기관도 역시 존재가 가장 밝은 것을 관조하며 이를 마침내 견디어 낼 수 있을 때까지 생성계에서 존재의 세계로 방향을 돌려야 한다는 것을 의미하지 않을까?
그렇다면 교육이란 영혼의 지적 기관을 얼마나 효과적으로 쉽게 전

향시킬 수 있느냐 하는 기술이지. 그 기관 속에 시력을 넣어 주는 것은 아니네. 오히려 만일 그 기관이 시력이 있는데도 방향을 잘못 잡아 제대로 보지 못하고 있다면 그 방향을 잡아 주는 기술이지.

플라톤의 『국가』 일부분입니다.

인간은 학습할 수 있는 구조를 가지고 태어났다고 합니다. 교육은 다만 영혼의 지적기관이 올바른 방향으로 향하고 있는지를 잡아주기 위해 필요하다고 합니다. 플라톤 역시 지식교육의 폐단을 알고 내적기관의 교육으로 전환할 것을 요청하고 있습니다.

지식은 다른 사람의 경험입니다. 결국 참 인식은 내가 경험해 보아야 정확하게 알 수 있어요. 플라톤은 일방향의 주입식교육은 모방교육에 불과하며, 그것은 결국 다른 사람의 인생을 사는 격이라고 지적합니다. 시대와 국가를 넘어서서 우리 교육의 폐단을 정확하게 지적한 대목입니다.

보고 듣는 감각교육은 쌍방향 패러다임에서 가능합니다. 부모는 자녀들의 눈빛을 다정하게 보아줘야 합니다. 자녀들 행동 하나하나를 의미 있게 보아줘야 합니다. 보아줄 때 자녀들의 '보는 감각'이 열려요. 그리고 자녀들 이야기를 잘 들어줘야 합니다. 위에서 장자가 말한 4단계 듣기법을 참고하여 세밀하게 정성을 다하여 들어줘야 합니다. 그러면 자녀들의 '듣는 감각'이 열립니다.

그런데 부모들은 항상 바빠요. 그리고 급해요. 빨리빨리 해주기를 바랍니다. 늘 독촉하느라 자녀들과 부딪칩니다. 그런데 놀라운 사실은 결과를 보면 독촉을 하든, 안 하든 그렇게 차이가 나지 않는다는 것입니다. 몰아세워서 성과를 내던 시절은 끝났습니다. 이제는 바로 가야 해요. 무엇을 하든 제대로 하지 않으면 성과를 낼 수 없어요. 현대인들은 공부든 일이든 항상 바쁘게 움직이면서 열심히 땀 흘립니다. 그런 만큼 삶의 여유가 없습니다. 그 결과로 대단한 성과를 얻으면 좋겠지만, 그것 역시 기대에 전혀 미치지 못합니다. 그 이유는 인식의 주인인 감각이 작동하지 않는 데 있습니다. 감각은 에너지가 흐르는 문입니다.

02

먹는 것과 공부는
서로 통한다

　우리는 공부하는 데 오랜 시간 동안 많은 에너지를 쏟습니다. 유치원, 초등학교, 중학교, 대학교, 대학원, 평생교육원……. 해도 해도 끝이 없는 게 공부입니다.

　우리는 왜 공부를 할까요? 사람마다 목적과 목표가 다르겠지만 대개는 어쩔 수 없이 하는 경우가 많습니다. 상위학교 진학을 위해서, 직업을 구하기 위해서, 사회에서 요구하는 학력 조건을 맞추기 위해서 나의 선택 의지에 관계없이 공부합니다. 공부가 조건으로 되어버리는 것입니다. 그런데 공부가 조건으로 인식되기 시작하면 쉽게 지치게 돼요.

조건은 도구이며 한시적이기 때문입니다. 앞으로도 과거처럼 조건으로서의 공부를 지속해야 하는지, 그렇다면 그 공부가 미래의 경쟁력이 될 수 있는지 심각하게 고민할 때입니다.

자공이 말하었다.

"가난해도 아첨하지 않고, 부유해도 교만하지 않으면 어떻습니까?"

공자가 말하었다.

"괜찮기는 하다만 가난하지만 도를 즐기고, 부유한데도 예를 좋아하는 것만은 못 하다."

자공이 말하었다.

"〈시詩〉에서 이미 매끄럽지만 더 갈고, 이미 쪼아 놓았지만 더 다듬는다.'라고 했는데, 이것을 두고 한 말이지요?"

공자가 말하었다.

"사賜야! 비로소 너와 〈시〉를 논할 수 있겠구나! 지나간 일을 일러주니 앞으로 올 일을 아는구나."

공자의 『논어』 '학이편'에 나오는 이야기입니다.

사람은 대개 가난하면 아첨하기 쉽습니다. 그리고 자기가 부유하고 생각하면 교만해지기가 쉬워요. 그런데 가난하면서도 아첨하지 않고, 부유하면서도 교만하지 않을 수 있다면 보통은 아닙니다. 공자는 가지 말아야 할 길을 가지 않는 것도 중요하지만, 자기가 가야 할 길을 가는 것이 더 중요하다고 말합니다. 가난하지만 도를 즐기고, 부유한 데도 예를 좋아하는 것은 대인이 가야 할 마땅한 길이에요. 아첨하지 않고 교만하지 않는 것은 다른 사람을 의식하는 마음에서 비롯된 소극적인 행동입니다. 그러나 도를 즐기고 예를 좋아하는 것은 다른 사람과 관계없이 자기 마음이 움직여서 한 적극적인 행동입니다. 같은 행동일지라도 마음의 싹이 어디에서 출발했느냐에 따라서 그 결실은 천지 차이가 납니다.

자공이 공자가 말하는 적극적인 태도가 무엇을 말하는지 그 속뜻을 알아차리고 『시경』에 나오는 문구를 슬쩍 끄집어 냅니다.

"적극적이라는 것은 이미 매끄럽지만 더 갈고, 이미 쪼아 놓았지만 더 다듬는다는 말과 통한다."

공자는 자공이 인용한 글귀를 듣고 공부의 자세에 대해서 깨달음을 알고, '지나간 일을 일러주니 앞으로 올 일을 아는 친구'라며 칭찬합니다. 공자가 생각하는 공부는 어쩔 수 없이 하는 소극적인 것이 아닙니다. 공부는 나를 살리고 너를 살리며, 우리를 살리는 즐거운 축제라는 말합니다.

사람에게는 경험이 중요합니다. 자기 자신의 경험은 신뢰하는 경향이 크기 때문입니다. 긍정의 경험은 긍정을 신뢰해요. 부정의 경험은 부정을 신뢰해요. 기성세대는 공부에 대해서 어떠한 경험을 했을까요? 대다수 사람들은 공부는 잘 먹고 잘 사는 길이라고 가르치고 배웠습니

가지 말아야 할 길을 가지 않는 것도 중요하지만,
자기가 가야 할 길을 가는 것이 더 중요하다.

다. 사실 지금도 거기에서 크게 벗어나지는 않습니다. 공부에 대한 이러한 경험이 잘못된 것은 아닙니다. 그러나 적극적인 공부경험은 아니에요. 적극적인 공부는 그 자체를 목적으로 삼을 뿐 결과에 연연하지는 않습니다. 공부는 자기 자신을 위하는 것이지 다른 사람에게 잘 보이려고 하는 도구가 아닙니다. 그래서 적극적인 공부는 좋고 즐겁습니다.

공부를 즐기는 사람들에게는 몇 가지 공통점이 있습니다. 첫째는 책을 좋아해요. 책은 공부의 재료입니다. 훌륭한 요리사가 좋은 식재료를 보면 탐을 내듯이 공부를 즐기는 자는 다른 사람들이 경험한 삶의 지혜에 관심이 많습니다. 둘째는 왜 그런가에 대한 질문을 잘 던집니다. 질문과 응답이 깨달음의 유일한 방법이라는 것을 잘 알기 때문이에요. 공부는 내가 하는 것이지 누가 가르쳐주는 것이 아닙니다. 셋째는 깨달은 것을 삶에서 실천합니다. 공부는 내가 쓰기 위해서 하기 때문이에요. 사용할 수 없는 공부는 내 것이 아닙니다.

맹자가 말하였다.

"군자가 올바른 도道로 사물의 존재 원리를 깊이 탐구하는 것은 자득自得하고자 해서다. 자득하면 사물을 대하는 것이 편안하다. 사물을 대하는 것이 편안하면 그것을 이용하는 것이 깊다. 사물을 이용하는 것이 깊으면 자신의 주변에서 이치를 탐구하여도 그 근본적인 이치와 만나게 된다. 그러므로 군자는 자득하고자 한다."

『맹자』 '이루편'에 나오는 이야기입니다.

맹자는 공자가 이야기하는 적극적인 공부를 '자득自得'이라 표현합니다. 자득의 공부는 외부의 지식에만 의존하지 않습니다. 근본 이치를 스스로 왜 그런가에 대한 질문으로 터득하는 것이기 때문이지요. 근본 이치를 터득하게 되면 사물을 대하는 것이 즐겁고 편안해져요. 그것이 왜 그러한지를 알 수 있기 때문입니다. 그래서 사물을 목적에 맞도록 자연스럽게 사용할 수가 있습니다. 또한 근본 이치는 모든 것과 상통합니다. 강물이 하나로 통하듯이 이치와 이치는 서로 통해요. 어느 일부분에만 국한되는 공부는 아직 근본 이치에 도달하지 못한 것입니다.

공부습관은 삶의 습관으로 굳어집니다. 주입식 공부습관에 길들여지면 주입식으로 삶을 설계하고 그렇게 삽니다. 선다형평가방식을 익히면 선다형사고방식이 길러져요. 초·중·고등학교 때 공부습관이 '평생의 생활습관으로 이어집니다. 기존에 우리가 하던 공부는 이원적인 구조였습니다. 공부는 공부고, 생활은 생활이라는 식이었어요. 이 구조는 공부도 제대로 안 되고 생활도 제대로 안 되는 반쪽자리였습니다. 이제부터는 앎과 삶이 하나로 만나는 새로운 공부를 시도해야 합니다. 그래야 공부도 즐겁고 인생도 즐거운 것이 됩니다.

공부의 새로운 경험이 필요한 시점입니다. '아는 것과 사는 것이 일치하는 공부'를 경험해 봐야 합니다. 국어, 수학, 외국어, 사회, 과학, 역사, 미술 등을 배우고 익히는 것은 이것이 생활이며 내가 살기 위해서입니다. 우리 교육은 교과목들을 왜 배워야 하는지, 내 삶과 어떻게 연계되는지에 대한 학습이 약합니다. 소극적인 공부는 그 끝이 보입니다. 하지만 적극적인 공부는 그 끝을 알 수 없어요. 적극적인 공부는 근본 이치를 통하여 무한히 뻗어나갈 수 있기 때문이에요. 적극적인 공부는 즐겁습니다. 자기 성장이 매일매일 느껴져요. 그래서 공부를 멈출 수가 없게 됩니다. 어디까지만 해야 한다는 경계선이 없는 거예요. 지금처럼 경계선을 두는 공부는 소극적인 공부입니다.

공자가 말하였다.
"배우고 때에 맞게 익힌다면 이 또한 기쁘지 아니한가?
친구가 먼 곳에서 찾아오니 이 또한 즐겁지 아니한가?
남이 알아주지 않아도 성내지 아니하니 또한 군자답지 아니한가?"

공자의 『논어』 '학이편' 첫 구절입니다.

공자의 공부철학이 고스란히 녹아있는 이야기입니다. 공자가 생각하는 공부는 입신양명立身揚名이 아니에요. 그의 관심은 나는 왜 태어났는지, 나는 무엇을 하며 어떻게 사는 것이 참다운 삶인지, 사람이 태어나서 행복하게 살다 간다는 것은 무엇인지였습니다. 따라서 이러한 공부를 먼저 경험한 현인들에게 배우고, 또한 그것을 일상생활에서 실천하며 부족한 것을 채워나가는 것은 기쁜 일입니다.

나를 찾는 공부는 가르치는 스승이나 배우는 학생이나 함께 성장할 수 있도록 도와줍니다. 그래서 깨달음을 함께 나눌 수 있는 사람을 만나면 더할 나위 없이 즐거워져요. 적극적인 자족의 공부는 남에게 보이기 위한 공부가 아니니, 비록 평가에서 성적이 좋지 않아도 무슨 상관이 있을까요. 오직 공부는 자기 자신에게 즐거운 고통을 줄 뿐입니다. 공자는 공부를 통하여 평생을 즐겁게 사는 방법을 터득한 사람입니다.

"피할 수 없으면 즐겨라!" 이것은 소극적인 공부 경험자들의 이야기입니다. 우리 자녀들에게 적극적인 공부 경험을 체험하게 해주세요. 자녀들은 그 기회를 기다리고 있습니다. 적극적인 공부는 인간본성에 대한 욕구입니다. 사람은 누구나 자기 자신에 대하여 알고 싶은 본성이 있습니다. 그 본성을 살리는 공부로 전환해야 해요. 그러기 위해서는 교육제도와 교사의 역량이 중요합니다.

하지만 그보다 더 시급한 것은 '부모의 마음'입니다. 부모의 소극적인 공부 기준이 존속하는 한 어떠한 좋은 제도와 교사가 있더라도 자녀의 자연본성은 살릴 수가 없어요. 학습은 자녀의 자기본성을 살리는 것에 목적을 두어야 합니다. 그것으로 자족해야 합니다. 그럴 때 공부도 즐겁고 학교성적도 의미가 있는 것입니다.

03
⋮

킹핀을 건드리면
나머지는 저절로 따라온다

"행복은 성적순이 아니잖아요!" 머리로는 맞는 말입니다. 그런데 내 자녀에게 한해서는 이 말을 가슴으로 받아들이기가 어려워요. 부모는 아직도 학교성적이 뛰어나기를 바랍니다. 행복과 성적이 별개라는 건 너무 먼 이야기예요. 아직 우리 사회에서는 학교에서건, 학부모들 사이에서건, 학생들 사이에서건 성적이 능력의 기준으로 통합니다. 그 룰을 깨고 싶지만 그것은 마치 스스로의 무능력을 정당화하려는 시선으로 비칠까 두렵습니다. 물론 성적은 교육적 차원에서도 여러 가지 의미가 있습니다. 성실성, 적응성, 이해력 등 교육적 성과를 가늠할 수 있는 객관

116

적인 기준이 되기 때문이지요.

그렇지만 기존의 성적에 대한 맹신은 깊이 돌아봐야 할 구석이 많습니다. 시대가 차츰 변화하고 있습니다. 요즘은 성적 뒤에 가려져 있는 그늘진 모습을 밝혀 잠재성까지 검증하는 체제로 전환하고 있어요. 기존의 성적에 집착하는 동안, 변화의 시대가 요구하는 다양한 능력개발의 기회를 놓칠 수가 있습니다. 표면적으로 드러난 수치상의 성적을 넘어 그 내면의 성적까지 고려해야 하는 새로운 눈이 필요합니다.

한국 사람들은 유독 수치에 예민합니다. 같은 아파트에 살아도 몇 평에 사는지 궁금해합니다. 이웃의 연봉은 얼마나 되는지 알고 싶어 해요. 그렇게 삶을 수치로 환산하다 보면 그 기준은 결국 1등으로 향합니다. 세상의 기준을 1등에 맞추려 듭니다. 2등은 아무도 기억해주지 않아요. 1등을 목표로 살 수밖에 없는 구조입니다. 1등주의는 목표를 설정하게 하고 경쟁심을 불러 일으켜 삶에 자극을 준다는 점이 매력적입니다. 하지만 1등주의는 목표의 동기는 주지만 목적의 동기까지 끌어내지는 못합니다.

'목표 동기'와 '목적 동기'는 다릅니다. 목표 동기는 눈에 보이는 세계의 범위에서 나의 의지를 계량화하는 작업입니다. 그러다 보면 목표는 자연히 다른 사람을 의식하는 의지의 표현에 그치죠. 다른 사람을 의식하는 외적 동기는 상대적입니다. 즉, 경쟁상대에 따라서 에너지를 사용하는 양이 정해져 있다는 것입니다.

반면에 목적 동기는 눈에 보이지 않는 가치의 세계를 선택하는 것이에요. 가치는 주관적이며 개개인의 자발성에 의존합니다. 따라서 목적 동기란 목표 동기 이전의 내적 동기를 말해요. 목적 동기에서 가치방향을 찾고 그 목적에 도달하기 위한 방법을 구체화시키는 것이 목표 동기입니다. 가령 동일한 마라톤 대회에 참가를 해도 '목적 동기'는 사람마다 다르지요. 참가 자체에 의미를 두는 사람이 있는가 하면, 상금이나 경기우승을 목적 동기로 삼는 사람도 있어요. 또한 자기 자신의 기록갱신이나 다른 사람들에게 전시하기 위한 목적으로 참여하는 사람도 있습니다. 그 목적 동기에 맞추어 목표를 정합니다. 1등이 목표인 사람이 있는가 하면 완주가 목표인 사람도 있습니다.

그동안 우리 사회의 경쟁구조는 목표 동기를 자극하는 데 초점을 두었습니다. 이 구조는 단기간에 선진국을 모방하여 성과를 내야 하는 개발도상국시대에 적합한 모형입니다. 글로벌 선진한국을 지향하는 이 시점에서는 어울리지 않는 옷입니다. 선진의식은 개인의 가치가 존중되는 사회이기 때문입니다. 즉 '나'의 가치를 중심에 두고 평가하는 사회구조인 것입니다. 따라서 나의 내적동기에 상관없이 앞만 보고 달리게 하는 1등 만능주의 교육 풍토는 자기에게 어울리지 않는 옷을 억지로 입으라고 강요하는 것이나 다름없어요. 이와 같은 맥락으로 보면 진정한 자기주도학습은 '목적 동기'에서 찾아야 합니다.

공자가 말하였다.

"싹이 나도 꽃을 피우지 않는 것이 있고

꽃은 피워도 열매를 맺지 못하는 것도 있다."

공자의 『논어』 '자한편'에 나오는 이야기입니다.

공자는 인생 전반에 걸친 성적표의 중요성을 강조합니다. 마라톤 경기에서 스타트는 매우 중요해요. 마찬가지로 학교생활에서 우등생은 사회생활에서도 우수한 사람이 될 확률이 높습니다. 인생은 과정의 연속입니다. 순간순간이 충실해야 결과도 실해요. 문제는 체력입니다. 체력이 떨어지면 아무리 기술이 좋아도 더 이상 달릴 수가 없습니다.

그렇다면 '인생에서 체력'은 무엇일까요? 그것은 '사랑의 에너지'입니다. 사랑은 들숨과 날숨에서 나오는 기운처럼 삶의 에너지를 자극합니다. 사람은 사랑의 에너지를 먹고삽니다. 학창시절에는 건강하게 싹을 틔우는 데에 정성을 쏟아야 해요. 그런데 부모마음은 늘 욕심이 앞서요. 유치원 때부터 꽃을 보아야 직성이 풀려요. 그러다 보면 사랑이 변질할 수 있습니다. 꽃은 피면 지는 법입니다. 빨리 피면 그만큼 빨리 집니다. 그래서 꽃은 중년에 피어야 합니다. 중년에 피는 꽃은 향기롭습니다. 사랑의 에너지를 천천히, 충분히 먹고 피었기 때문이지요. 인생의 열매는 말년에 맺어야 단단합니다. 열매는 그동안 받은 '사랑'을 되돌려 주는 새로운 '사랑의 에너지'라 할 수 있습니다. 조기에 열매를 맺고 나면 사랑의 에너지를 되돌려 주어야 할 때 더 이상 줄 것이 없어요. 나이가 들수록 성적이 올라가는 그래프를 그려야 성공한 사람입니다.

인생은 '사랑의 에너지를 나르는 마라톤'입니다. 경기에서 좋은 성적을 내기 위해서는 숫자 뒤에 숨어있는 사랑의 에너지를 '잘 볼 수 있어야' 합니다. 사랑은 유형일까, 무형일까? 마음만으로 또는 몸만으로 완전한 사랑을 이룰 수는 없습니다. 사랑의 에너지는 마음과 몸이 한 덩어리가 되어 순환합니다. 마음을 움직이면 몸은 따라 움직여요. 반대로 몸을 움직여도 마음이 함께 움직입니다. 이것은 한 덩어리의 사유입니다. 에너지를 인식하는 데 한 덩어리의 사유는 대단히 중요해요. 그것은 전체를 보는 눈과 개체를 보는 눈이 동시에 작동하는 구조이기 때문이지요. 사랑의 에너지는 개체와 전체를 아우르는 한 덩어리의 눈으로 보아야 잘 보입니다.

칭찬은 고래도 춤추게 합니다. 칭찬은 긍정의 기운을 자극하기 때문입니다. '자녀가 착한 일을 했다. 자녀가 상을 받았다. 이번 중간고사에서 우수한 성적을 거두었다. 대회에 나가서 우승을 했다.' 이러한 소식을 들으면 부모는 좋은 기분을 감추지 못합니다. 자녀에게 칭찬도 아끼지 않죠. 칭찬은 이렇게 '사랑의 에너지를 교감하는 수단'이 됩니다. 따라서 칭찬의 수단을 적절하게 사용하면 빛을 볼 수 있습니다.

사람들은 대개 '결과'를 보고 칭찬합니다. 하지만 결과라는 것은 그 일의 총체성에서 볼 때 일부분에 지나지 않아요. 일부분의 결과를 칭찬받게 되면 거기에 갇히고 맙니다. 자녀는 칭찬받기 위해 수단방법 가리

120

지 않고 좋은 결과만을 얻기 위해 애를 쓰게 됩니다.

　사람은 고래가 아닙니다. 춤을 추게 하기 위해서 조련사가 그때마다 먹이를 던져주어야 하는 존재가 아니라는 것입니다. 사람은 '사랑'을 칭찬해 주어야 해요. '결과'보다는 '동기'를 칭찬해 주는 것이 사랑입니다. 그래야 지속가능한 에너지를 발휘할 수 있어요. 가령 어느 대회에 참가하여 우승을 했다고 해요. 이때 우승이라는 결과에 초점을 두고 칭찬한다면 우승은 이번으로 그치거나, 또 다른 우승 목표로 이어지는 것에서 멈추어 버립니다. 하지만 대회에 참가하게 된 '동기와 과정'을 칭찬하게 되면 차원이 달라집니다.

　"학교생활 일정 맞추기도 바쁜데 꿈을 찾기 위해 자발적으로 대회에 참가한 너의 도전정신에 박수를 보내!"

　"대회준비 과정에서 힘든 상황이 있을 때마다 인내하는 네 모습을 보니 대견하게 느껴졌어!"

　이처럼 동기와 과정과 결과를 아우르는 한 덩어리로 보는 칭찬이 사람을 춤추게 합니다.

　공자가 말하였다.

　"사람이 능히 도道를 넓히는 것이지 도가 사람을 넓히는 것이 아니다."

　공자의 『논어』 '위영공편'에 나오는 이야기입니다.

　삶의 '목적과 방향'을 올바로 찾은 자는 살아온 과정 하나하나를 의미 있고 소중하게 여기며, 미래의 희망을 이야기합니다. 이러한 사람들은 인생의 성적표가 지속적으로 상승합니다. 반대로 인생의 성적표가 하향곡선을 그리는 사람은 과정에 의미를 두기보다는 '과거의 실적'을 자랑해요. 시간은 스스로에게 떳떳하고 당당한 삶을 사는 사람에게 성장의 기회를 줍니다.

공자는 사람다움의 길은 '내가 스스로 넓혀가는 것'이라고 말합니다. 사람다움의 길이 있다고 해서 누구나 사람답게 사는 것은 아니에요. 방향을 잘못 잡으면 시간이 흐를수록 에너지가 소진됩니다. 바로 눈앞에 보이는 욕구만을 쫓는 사람은 희망의 스토리가 없습니다.

자녀들에게 성적은 무척 중요합니다. 부모는 자녀들이 성적을 건강하게 그리고 지속적으로 상승곡선을 그려갈 수 있도록 도와야 합니다. 그러자면 부모는 눈을 크게 떠야 해요. 자녀들은 아직 세상을 크게 볼 수 없기 때문이에요. 그렇기에 자녀들은 부모의 영향을 크게 받습니다. 부모가 성적에 예민하게 반응하면 자녀들은 그것이 세상의 전부라고 여깁니다. 성적으로 자녀들을 몰아세우거나 협박하거나 무시하면, 자녀들은 현재의 그릇밖에 되지 못해요. 사실 부모가 자녀에게 참견하여 얻은 성적의 결과는 생각보다 그리 크지 않습니다. 자녀들에게 성적 뒤에 있는 '사랑의 에너지'를 터치해 주면 자녀의 그릇은 무한히 넓어질 수 있습니다. 자녀가 삶의 방향을 건강하게 그려 나가도록 격려하고 칭찬해 주는 것이 성적을 높이는 지름길입니다.

04

사랑과 짝사랑은
눈빛의 차이다

자녀들이 공부하는 모습을 지켜보고 있노라면 답답할 때가 많습니다. 산만한 스타일의 자녀는 책 펴놓고 뭐가 그리 바쁜지 휴대폰 만지작거리랴, 거울 들여다보랴, 얼굴 살피랴, 옆 사람 간섭하랴…… 아무리 멀티시대라지만 정신이 없어 보여요. 또 다른 느림보 스타일의 자녀들은 너무 느슨해서 탈이에요. 세월아 네월아, 멍 때리는 시간이 너무 많아요. 공부할 것은 많은데 멍 때리고 있는 모습을 보면 부모는 열이 확 오릅니다. 잔소리라도 할라치면 자녀들은 내가 다 알아서 할 테니 간섭하지 말아달라는 멘트를 날리기도 하죠.

사람은 좋아하는 이성이 생기면 달라집니다. 우선 눈빛부터 부드러워져요. 애인이 하는 모든 것이 좋아 보입니다. 마음이 넓어져요. 애인이 원하는 것을 다 들어주려는 의지가 생기기 때문이지요. 그리고 애인의 관심을 사로잡으려 집중력이 강해집니다. 공부에 있어서도 마찬가지예요. 자녀들이 공부에 집중할 수 있도록 만들려면 '공부를 사랑하는 방법'을 먼저 가르쳐주세요.

집중력이란, 나와 대상의 사이가 가까워지는 정도를 말합니다. 집중력이 최고조에 다다르면 나와 대상의 사이가 없어져 하나처럼 느껴집니다. 남녀가 열애 중일 때는 주위를 의식하지 않고 애정표현에 과감해집니다. 그들 사이에 다른 것들이 끼어들 틈이 없어요. 집중력은 에너지를 주도적으로 사용하는 능력입니다. 외부환경에 쉽게 휘둘리는 사람은 집중력이 약한 사람들이죠. 에너지의 주도권이 외부환경에 있기 때문이에요. 공부든, 일이든, 연애든, 취미활동이든 집중력은 좋은 성과를 이루는 바탕이 됩니다. 조금 더 과장하면 천재란 집중력의 다른 이름이라고 할 수 있습니다.

집중력을 기르고 싶은가요? 그렇다면 먼저 집중력에 방해되는 원인부터 파악해 보세요.

첫째는 자기중심주의에 빠져있지는 않은지 점검해 보세요. 집중은 나와 대상의 둘 사이에 벌어지는 행위입니다. 그런데 모든 것을 나에게 맞추라는 식으로 대상을 바라본다면 대상은 점점 멀어지게 됩니다.

둘째는 잡념에 빠져 있는 경우가 어느 정도인지 따져보세요. 대상과 관계 맺는 시간에 다른 대상을 생각하는 것은 외도예요. 더구나 대상을 의심하거나 불신하는 마음이 바탕에 깔려 있다면 잡생각이 많은 사람이에요. 나와 대상 사이에 잡생각이 가득 차 있다면 거리는 점점 멀어질 것입니다.

셋째는 심신의 피곤 정도를 체크하세요. 피곤하면 만사가 귀찮아집니다. 의욕이 생기지 않아요. 정신력이 집중력을 잡아주기는 하지만 오래 버티지를 못합니다. 집중력을 기르는 것도 중요한 공부입니다.

자기중심주의에 빠져드는 스타일은 자기를 내려놓는 연습이 필요합니다. 자기를 내려놓는다는 것은 나와 접촉하는 대상을 존중한다는 의미예요. 자기중심주의자는 다른 사람들의 이야기를 잘 들으려 하지 않아요. 감각의 문이 한쪽으로만 열리기 때문이에요. 이런 사람들은 모든 사물을 대할 때 자기가 편리한 쪽으로 치우쳐 해석하는 경향이 있습니다.

이렇게 자기와 대상 사이의 관계에서 균형을 잃게 되면 한식구가 되기 어렵습니다. 수학 문제를 예로 들면, 문제를 푸는데 나의 사고와 가치를 기준으로 그 문제를 바라보고 있으면 문제 이해는 점점 어려워집니다. 이것은 수학을 무시하는 태도예요. 대상을 무시하는 순간 집중력은 떨어지기 시작합니다.

수학문제를 푸는 일반적인 과정은 다음과 같습니다.

'나는 나의 사고를 훈련하기 위하여 수학이라는 대상을 만난다. 처음에는 낯선 대상이기 때문에 서먹서먹하다. 한 번 보고 두 번 보고, 보면 볼수록 사이가 가까워진다. 나의 감각이 열리고 문제가 자세히 보이기 시작한다. 나의 사고와 수학문제의 사이가 점점 좁혀진다. 나의 사고와 수학문제가 일치하게 되면 아하, 그래서 그랬구나 하면서 문제가 풀린다.'

집중력을 가지고 수학문제를 풀려면 우선 수학을 애인으로 보는 태도가 필요해요. 그래야 감각이 열립니다. 동일한 대상을 보더라도 마음의 상태에 따라서 감각이 열리는 정도가 다릅니다. 다음으로는 나의 사고를 기준으로 수학문제를 바라보지 말고 반대로 수학문제의 체계에서 나의 사고를 들여다보아야 해요. 배운다는 것은 나보다는 대상이 더 우위라는 전제에서 출발하기 때문입니다.

마지막 단계는 나와 수학은 원래 한 몸이라는 생각을 하는 것입니다. 모든 지식은 나와 하나 될 수 있기에 배우는 것입니다. 수학문제에는 반드시 답이 있어요. 아직 그와 하나 되지 못하고 있을 뿐이에요. 하나 될 수 있도록 에너지를 쏟는 것! 이것이 집중력입니다.

안회가 말하였다.
"저는 나아졌습니다."
공자가 물었다.
"무슨 말인가?"
"저는 인의仁義를 잊어버렸습니다."
"좋다. 그러나 아직 멀었다."

다음 날 안회가 다시 공자를 뵙고 말하였다.

"저는 더 나아졌습니다."

"무슨 말인가?"

"저는 예악禮樂을 잊어버렸습니다."

"좋다. 그러나 아직 멀었다."

또 다음 날 안회가 다시 공자를 뵙고 말하였다.

"저는 좀 더 나아졌습니다."

"무슨 말인가?"

"저는 앉아서 고스란히 잊게 되었습니다."

공자가 깜짝 놀라 물었다.

"앉아서 고스란히 잊다니 그게 무슨 말이냐?"

"손발이나 몸을 잊어버리고, 귀와 눈의 작용을 쉬게 합니다. 몸을 떠나고 앎을 몰아냅니다. 그리하여 큰 트임과 하나가 되는 겁니다. 이것이 제가 말씀 드리는 좌망坐忘입니다."

공자가 말하였다.

"도道와 같아지면 좋아하고 싫어하는 것이 없고, 변화와 함께 하면 막히는 데가 없어진다. 너야말로 훌륭한 사람이구나! 청컨대 나도 네 뒤를 따르게 해다오."

『장자』 '대종사편'에 나오는 이야기입니다.

장자가 말하는 '좌망坐忘의 공부법'입니다. 좌망이란, 앉아서 고스란히 나를 잊는다는 말입니다. 오늘날 우리네 사고로는 황당한 공부법이라는 생각이 들 수도 있을 것 같아요. 공부는 교사가 지식을 가르쳐주면, 학생은 배워서 이해한 다음, 암기하고 다시 문제를 풀면서 제대로 알고 있는지 확인하는 것이 일반적 코스입니다. 그런데 장자는 가만히 앉아서 잊으라고 해요. 좌망은 하나하나 잊어갈수록 더 많이 아는 공부입니다. '인의'를 잊고 '예악'을 잊고 나중에는 '나를 고스란히 잊는' 경지에까지 도달하는 공부라고 말합니다.

결국 이 공부는 '크게 트이는 것'과 일치하는 공부입니다. 이처럼 큰 트임과 하나 되는 공부는 초집중력을 발휘해야 하는 공부법이에요. 나와 대상을 처음부터 둘로 보는 게 아니라 하나로 보라는 이야기입니다. 나와 대상이 본래 하나이기에 나만의 세계란 없습니다. 나만의 세계가 있다고 생각하는 것을 하나씩 버리는 작업이 나를 잊는 공부법입니다. 나는 나이고 수학문제는 수학문제라고 생각하면서 공부하면 집중력이 떨어져요. 사람은 자기를 중심으로 대상을 바라보려는 속성이 있습니다. 그것은 결국 자기중심주의로 흐를 가능성이 크다고 장자는 경고하고 있습니다.

잡념에 잘 빠져드는 스타일은 '자기 생각의 방'을 청소하는 연습이 필요합니다. 저는 아침 산책을 즐기는 편인데, 이른 새벽 뒷산을 1시간가량 돌다 보면 명상과 운동이 저절로 이루어집니다. 그리고 이런저런 복잡한 생각들이 단순하게 정리되고 부정적인 생각들은 땀으로 흘러나

생각을 정리~

생각의 방은 정리정돈을 하지 않으면 생각과 또 다른 생각들이 서로 충돌을 일으킵니다.
사람은 생각을 할 수 있어서 자유롭기도 하지만 또한 그 생각 때문에 구속을 당하기도 합니다.

오는 것 같은 상쾌함이 느껴집니다. 그러면 하루가 가벼워집니다.

생각의 방은 정리정돈을 하지 않으면 생각과 또 다른 생각들이 서로 충돌을 일으킵니다. 사람은 생각을 할 수 있어서 자유롭기도 하지만, 또한 그 생각 때문에 구속을 당하기도 하죠. 가령 생각의 방에 의심이라는 바이러스가 침투했다고 생각해 봅시다. 그 방에 의심이 싹트기 시작하면 잎이 나고, 꽃이 피고, 열매를 맺으면 엄청난 의심의 씨를 퍼트리게 됩니다. 한 개의 의심 씨앗은 순식간에 수만 개의 의심 씨앗으로 번식합니다. 한그루 의심의 나무를 키우는 데는 상당한 양의 에너지를 소모하게 됩니다. 따라서 의심의 씨앗이 퍼지기 전에 빨리 제거하는 것이 에너지를 낭비하지 않는 지혜입니다. 이처럼 생각의 방에 부질없는 씨앗이 자리하고 있다면 내가 집중해서 무슨 일을 하고자 할 때 그만큼 에너지를 주도적으로 사용할 수 있는 기회비용을 잃게 돼요. 공부나 일에서 집중력을 발휘하기 위해서는 생각의 방이 항상 청결하도록 유지해야 합니다.

"저 배우는 사람들로 하여금 모두 심心과 아我를 떠나게 해야 하니, 모든 심과 아는 본래 공적空寂한 것이다.
만일 공한 마음을 얻으면 마음이 환화幻化하지 아니할 것이며, 환도 없고 화도 없으면 곧 무생無生을 얻을 것이니, 무생의 마음은 환화가 없는 데 있다."

130

석가의 『금강삼매경』에 나오는 이야기입니다.

환화는 헛것을 '진짜로 착각'하는 것을 말합니다. 착각은 자유라는 우스갯소리도 있지만, 착각은 자유가 아니에요. 그것은 자기뿐만이 아니라 나를 둘러싼 모든 사람과 사물에 착각을 나누고 전파하기 때문입니다.

인간의 인식은 '헛것'과 '진짜'로 나누어집니다. 진짜는 예나 지금이나 앞으로나 변하지 않는 인식의 길이에요. 깨끗한 물과 맑은 공기 그리고 아름다운 경치는 누구나 항상 변함없이 좋아합니다. 그것이 자연의 본래모습이기 때문이에요. 본래 모습은 언제나 그 자리에서 그 모습을 유지합니다. 흔들리지 않아요. 반면에 헛것은 왔다갔다 변합니다. 있다가도 없어지고, 없다가도 다시 나타납니다.

특히 사람에게 있어서 '욕심과 아집'은 대표적인 헛것입니다. 사람은 처음부터 욕심과 아집을 가지고 있었던 것은 아니에요. 경험을 통하여 사리사욕을 학습하게 되고, 그것이 통용되다 보니 그 길이 진짜라고 믿고 사는 것뿐입니다. 이것이 '환화'입니다. 자기 자신의 맑고 깨끗한 본바탕을 잃어버리고 학습된 헛것에 빠져 있는 것이죠. 헛것에 빠져있는 사람은 진심을 나누기 어려워요. 사람다움의 신뢰인 본바탕의 모습을 잊고 살기 때문입니다. 헛것에 빠져있는 사람은 소통에 장애가 있는 사람입니다. 헛것은 환상과 망상을 불러들입니다. 집중력을 기른다는 것은 헛것을 제거하고 본바탕을 다시 찾는 작업이라고 할 수 있습니다.

현실은 집중하기 어려운 환경으로 둘러싸여 있습니다. 유혹도 많고 욕심도 많아요. 따라서 에너지가 치우치거나 분산될 수밖에 없고, 우리는 그러한 구조 속에서 살고 있습니다. 이러한 교육환경에서는 부모의 역할이 매우 중요합니다. 집중력을 발휘할 수 있는 환경을 의식적으로 만들어 가지 않으면 안 돼요. 오늘날 부모가 자녀에게 적용할 수 있는 집중력을 기르는 환경 만들기로 세 가지를 제시하면 다음과 같습니다.

첫째는 '단순화의 철학'이에요. 멀티기능상품은 얼핏 보면 효율적으로 보이는데 지속적으로 고객을 만족시켜 주지는 못합니다. 가령 뿌리는 고구마, 잎은 배추, 줄기는 샐러리, 열매는 사과가 달리도록 만들려는 것은 과욕입니다. 이치에 어긋나는 욕심은 도리어 에너지를 소진시킬 뿐이에요. 수학공부를 예로 들면, 수학공부는 원리이해와 반복 숙달이 전부예요. 학교에서 배운 것을 토대로 교과서에 나오는 개념이해와 문제를 반복해서 알 때까지 푸는 단순화 공부입니다. 그런데 대개는 그것을 위한 과정이 너무 복잡해요. 그래서 학원이나 과외를 통해서 선행학습을 해야 합니다. 대부분의 학생이 선행학습을 하는데 내 자녀만 하지 않으면 불안합니다. 또 요즘에는 학교에서도 선행학습을 염두에 두고 가볍게 가르치는 추세이기도 합니다. 어쨌든 선행학습을 하려면 거기에는 또 과제가 붙습니다. 그리고 자녀는 학교나 학원에서 배운 동일한 내용을 반복해서 듣게 됩니다. 이렇게 되면 학교수업을 집중해서 들을 리 만무합니다. 학교에서도 또 과제가 나갑니다. 시험 때가 되면 비상이에요. 단계별 심화 문제집 풀어야지, 인터넷 강의 들어야지, 학원에서 파이널 정리코스 수강까지…… 해도 해도 끝이 없고 불안하기만 합니다.

이것이 바로 복잡한 공부입니다. 복잡한 공부는 공부에 치여 자녀가 주도적으로 집중해서 공부할 수 있는 힘을 잃게 만들어요. 문제는 복잡한 과정은 거쳤지만 단순화 과정의 공부보다 크게 성과가 나오는 것은 아니라는 것입니다. 불안심리, 경쟁심리를 동반한 부모들의 과욕은 결국 대리만족에 그칠 뿐입니다.

둘째는 '사랑의 철학'이에요. 공부를 사랑하도록 다양한 배려가 필요합니다. 결론부터 말하면 자녀에게 맡겨야 합니다. 스스로 공부하는 자녀는 가만히 두어도 해요. 문제는 공부를 즐거워하지 않는 자녀들입니다. 자녀가 공부를 좋아하게 만들려면 자녀의 삶과 공부가 직접적인 관련이 있다는 것을 깨닫도록 도움을 주어야 해요. 과거처럼 막무가내식으로 잘 먹고 잘 살려면 공부해야 한다고 강요해서는 통하지 않아요. 자녀의 꿈이든, 자존심이든, 학교생활이든, 친구든, 취미든 자녀가 공부를 통하여 직접적으로 주고받을 수 있는 것이 무엇인지 발견하도록 인생의 경험자로서 친절하게 설명해 주어야 합니다. 자녀에게 왜 공부해야 하는지 직접적인 연관성을 찾도록 도와주세요. 공부를 하면, 말을 논리정연하게 잘할 수 있다든지, 어려운 문제에 부딪혔을 때 당황하지 않고 차분하게 해결할 수 있다든지. 요리나 운동 그리고 음악활동을 한다고 하더라도 조화와 균형 감각을 살릴 수 있다든지. CEO가 되면 합리적인 의사결정을 할 수 있다든지 등등. 자녀가 관심을 보이는 부분에

영혼은 '자기존중'과 '사랑' 그리고 세상과의 '소통'에서 열립니다.
부모는 지속가능하며 본질적인 영혼이 열리도록 자녀에게 '기다림'과 '정성'을 쏟아야 합니다.

서 공부가 직접적으로 도움이 되는 연결고리를 발견할 수 있도록 지속적인 대화를 하는 것입니다. 내가 선택해야 사랑의 문은 열립니다. 사랑하면 스스로 알려고 애를 쓰게 됩니다.

셋째는 '기다림의 철학'이에요. 집중력은 지속가능한 창조적인 에너지를 말합니다. 자녀의 욕망을 자극하는 것은 단기적입니다. 보상에 대한 당근은 또 다른 당근을 요구할 뿐이에요. 당근은 자녀에게 조급증을 키우게 합니다. 당근은 즉각적인 보답을 해야 서로가 만족하기 때문입니다. 조급증이 커지면 불안증으로 발전해요. 마음에 필요 이상의 짐이 쌓이다 보면 가지고 있는 능력과 실력마저 제대로 발휘하지 못하는 현상이 나타나요. 잔소리의 반복은 도리어 집중력을 방해합니다. 반복되는 잔소리는 분노를 키웁니다. 정서에 상처를 받으면 그것을 치유하느라 또 다른 에너지를 낭비하게 돼요. 불안은 집중을 방해하는 악순환을 가져옵니다.

따라서 자녀의 영혼을 일깨워주는 지혜가 필요합니다. 영혼은 내면의 중심 에너지입니다. 영혼의 빛이 살아나기 시작하면 그 에너지는 멈출 줄을 모릅니다. 영혼은 '자기존중'과 '사랑' 그리고 세상과의 '소통'에서 열립니다. 부모는 지속가능하며 본질적인 영혼이 열리도록 자녀에게 '기다림'과 '정성'을 쏟아야 해요. 큰자녀로 성장하기를 바란다면 부모는 그만큼 마음의 여유를 가지고 기다려주어야 합니다. 기다려주는 것도 큰 교육입니다.

집중력이 실력인 시대입니다. 의자에 오래 앉아 있다고 해서 성적이 오르는 것은 아니에요. 부모는 자녀에게 공부하라는 잔소리를 하기보다는 에너지를 집중적으로 사용할 수 있는 능력이 있는지 확인하는 것이 더 급선무예요. 집중력이 떨어진다는 판단이 서면 자녀와 대화의 시간을 늘려야 합니다. 이때 성급하게 학습에 대한 이야기를 꺼내지 말고 자녀 눈높이에 맞는 관심사를 중심으로 세상살이에 대한 부모의 경험을 진솔하게 나누는 것이 좋습니다. 자녀들은 겉으로는 아닌 척해도 부모의 진심을 알고 싶어 해요. 진심은 언젠가는 통합니다. 그 통하는 마음으로 자녀의 영혼을 움직여 보세요. 영혼이 눈을 뜨면 에너지를 사용하는 질이 달라집니다. 집중력은 학교성적을 넘어서서 미래의 생존력이 되는 것입니다.

05

같은 자장면인데
왜 맛은 다를까?

    우리는 현재 지식과 정보의 시대에 살고 있습니다. 인터넷에 접속하면 언제 어디서든 알고 싶은 것들을 무제한 얻을 수 있습니다. 대화를 나누다 정보에 대한 궁금증이나 의견 차이가 생기면 바로 스마트폰 지식창으로 이동합니다. 지식창이 교과서요, 교사인 시대입니다. 강의를 듣다가 모르는 것이 있어도 바로 교사에게 질문하지 않아도 됩니다. 인터넷에서 먼저 확인하고 해결이 되지 않으면 그때 물으면 됩니다. 학생들은 무거운 사전을 들고 다닐 필요가 없어요. 스마트폰 하나면 외국어 사전, 지식백과사전에 있는 모든 걸 알 수 있습니다. 컴퓨터와 인터넷의 발달은 지식의 지도를 바꾼 일대 사건이라 할 수 있어요. 그것은 지식공유의 차원에서 보면 지역뿐만이 아니라 계층과 계급 그리고 세대 간의 벽을 허물어 버립니다.

　　과거 지식이 귀하던 시대는 교과서가 가르침의 절대적인 권위의 상징이었습니다. 물론 오늘날에도 교과서가 교육의 교본인 것은 다름이 없어요. 하지만 교과서를 바라보는 시선은 과거와 많이 달라지고 있습니다. 교과서를 단지 교육과정을 마치기 위한 형식적인 도구로밖에 인식하지 않고 있어요. 학생들은 교과서보다는 넘쳐나는 참고서와 문제집 그리고 인터넷 자료에 더 의존합니다. 부모 또한 무엇으로 공부하든 시험점수만 잘 나오면 그만이라고 생각합니다.

　　하지만 교과서의 권위라는 말 속에는 중요한 뜻이 담겨 있습니다. 교과서는 그 사회가 합의한 공동체 가치의 결정체입니다. 그동안 인류가 쌓아온 경험과 정보를 그 사회에 맞게 선택하고 재구성하여 그 사회 구성원이 사회적 존재로서 갖추어야 할 자질을 목적으로 교과서를 구성하기 때문이에요. 그리고 교과서는 학교의 상징물입니다. 학교는 교과서를 중심으로 모인 사회예요. 교사가 존재하는 이유도, 학생들이 학교에 나오는 이유도 교과서를 만나기 위해서입니다. 또한 교과서는 '지식의 주도적 수용'입니다. 교과서가 교과서인 이유는 자기변화에 가장 적합한 기본과 근본지식이기 때문입니다.

공자가 말하였다.

"옛날에 배우는 자들은 자기 수양을 위해서 공부했는데

오늘날의 배우는 자들은 남에게 발탁되기 위해서 공부하는구나."

공자의 『논어』 '헌문편'에 나오는 이야기입니다.

약 2천 5백 년 전 중국의 춘추시대에 공자가 한 말입니다. 그 당시의 배경을 굳이 상상하지 않아도 독자는 이 말의 의미를 쉽게 알 수 있을 것입니다. 왜냐하면 오늘날 우리에게도 그대로 통하는 말이기 때문이지요. 여기서 공자가 말하는 옛날에 배우는 자들이란, 시간을 초월해서 자기 자신의 부족한 부분을 채우려는 주도적인 공부를 하는 사람을 뜻해요. 대개 사람들은 옛날이나 지금이나 눈앞에 나타나는 당장의 이익을 목표로 공부합니다. 남에게 발탁되기 위한 목적이죠. 발탁을 목적으로 하는 공부는 출발부터 다릅니다. 나의 부족함을 채우기보다는 상대방이 무엇을 물을지에 초점을 둡니다. 그리고 발탁이 되면 공부는 끝이 납니다.

교과서도 마찬가지입니다. 우리 현실에서 대개는 시험이 목표입니다. 교과서를 보되 나의 부족함에 초점을 두고 보는 학생은 거의 없습니다. 교사가 중요하다고 강조하거나 시험에 나올 만한 부분에 초점을 두고 봅니다. 그리고 시험이 끝나면 잊어버려요. 이것은 교과서의 본래 모습과는 거리가 먼 것입니다.

원래 교과서란 그 시대 경전의 성격을 띠었습니다. 교과서는 그 시대 사람들이 합의한 삶의 기준이며 공동체사회의 구심점이었어요. 이러한 관점에서 보면 교과서는 상징성이 강합니다. 그 상징성을 잘 살리는 사회는 흥할 수밖에 없어요. 교육의 가장 큰 힘은 개개인들의 힘을 모아 그것을 공동체 힘으로 이끌어내는 데 있습니다. 그 도구가 교과서인 것입니다.

이러한 이유 때문에 교과서는 사적인 지적 욕구를 채워주는 일반적인 서적과는 구분되어야 맞습니다. 부모들 입장에서는 이러한 이야기가 가슴에 와 닿지 않을 수도 있습니다. 너무 크고 근본적인 논의의 주제이기 때문이지요. 그러나 근본적인 고민이 때로는 무모하게 보일지 모르나 그 근본을 알고 가는 것과, 그렇지 않고 가는 것은 하늘과 땅 차이입니다. 부모의 시각이 때로 자녀의 운명을 바꾸는 힘이 있기 때문입니다.

혜자가 장자에게 말하였다.

"위나라 임금이 큰 박씨를 주기에 내가 그것을 심었다네. 박이 자라서 열매가 다섯 섬이나 될 정도로 열렸네. 그 박에다 마실 물을 담아 보니 무거워 들 수 없었다네. 그래서 박을 두 개로 쪼개 바가지로 만들었지. 그런데 얕고 납작해서 아무것도 담을 수가 없는 거야. 공연히 크기만 했지 아무짝에도 쓸모가 없어 그냥 부수고 말았어."

장자가 말하였다.

"자네는 큰 물건 쓰는 방법이 아주 서투르군. 송나라에 손 트지 않게 하는 약을 만드는 사람이 있었다네. 그 사람은 그 약을 바르면서 대대로 솜 빨래하는 일을 했지. 어떤 나그네가 그 약 이야기를 들었지. 그래서 금 백 냥을 줄 테니 약을 만드는 비방을 팔라고 했어. 아마 그 사람은 가족들을 다 모아 놓고 의논했다지. '우리는 대대로 솜을 빨았지만, 버는 것이야 기껏 금 몇 냥밖에 없는데 이제 이 약 만드는 방법을 금 백 냥에 사겠다는 사람이 있으니 팝시다.' 했다네.

그 나그네는 약 만드는 비방을 얻어 오나라 임금에게 가서는 그 약의 효험을 설명했네. 그때 월나라가 오나라를 쳐들어왔지. 오나라 왕은 그 나그네를 장군으로 삼았지. 겨울에 월나라와 수중전을 치러 그 나그네는 크게 이겼다네. 그러자 오나라 왕은 그에게 땅을 주어 영주로 삼았네.

손을 트게 하지 않는 비방은 하나인데, 어떤 사람은 그것으로 영주가 되고, 어떤 사람은 그것으로 세탁하는 일만 하고 있으니, 비방을 어떻게 쓰느냐에 따라 그 결과가 달라지는 거네.

이제 자네에게 다섯 섬의 큰 박이 있다면 왜 큰 술통 모양의 배를 만들어 강이나 호수에 띄울 생각은 하지 않고, 얕고 납작하여 아무것도 담을 수 없다는 걱정만 하는가. 자네는 작고 꼬불꼬불한 쑥대 같은 마음을 갖고 있구려."

『장자』'소요유편'에 나오는 이야기입니다.

똑같은 물건인데 그 물건을 누가 어떻게 사용하느냐에 따라 쪽박이 되기도 하고 대박이 되기도 합니다. 그것은 사고의 차이입니다. 혜자는 박은 물을 담는데 사용하는 물건이라고 고정된 생각을 가지고 있었어요. 그러니 큰 박에 물을 담으면 무거워 쓸 수가 없고 쪼개니 납작해져서 쓸모가 없어져 버린 것이죠. 장자는 박은 물건이니 큰 박은 크게 쓰고, 작은 박은 작게 쓰면 된다고 생각한 것입니다.

이 작은 생각의 차이가 대상을 살릴 수도 죽일 수도 있는 것입니다. 손을 트게 하지 않는 비방도 마찬가지예요. 자기만 혼자 독식하려는 좁은 생각을 가진 사람은 평생 그 자리에 맴돌고 맙니다. 그러나 내가 가진 것을 함께 나누고자 하면 더 크고 많은 것을 얻을 수 있습니다. 우리가 자녀들에게 어떤 사고를 기르게 하고 있는지 고민하게 하는 대목입니다. 똑같은 교과서라 하더라도 사고를 전환하면 다르게 보일 것입니다.

초·중·고등학교 교과서를 경전을 보듯이 다시 한 번 꼼꼼히 살펴보세요. 그 안에 진리를 구할 수 있는 내용들이 가득 담겨 있을 것입니다. 교과서에 실린 문학작품만 제대로 소화해도 인간은 어떤 가치를 잡고 살아가야 하는지 충분히 발견할 수 있습니다. 교육과정에서 배우는 수학교과서만 충실히 알아도 삶을 살아가는 사고력 훈련으로는 족할 것입니다.

그밖에도 교과내용을 들여다보면 인간에 대하여, 사회에 대하여, 우주자연에 대하여 어떻게 이해하고 관계 맺으며 살아야 하는지 정밀하게 다듬어 제시하고 있다는 걸 발견하게 될 것입니다. 교과서는 경전처럼 경배하는 마음으로 온 정성으로 대해야 합니다. 이것이 전부라는 생각을 가지고 바라보도록 교과서에 권위를 실어주는 것이 중요합니다.

인간이란 호기심이 많은 종족이어서 다른 사람의 삶은 알고 싶어 하
지만, 자신의 삶을 알고 교정할 준비는 별로 되어 있지 않습니다.
내가 어떤 사람인가를 자신에게 듣기를 그토록 원하면서도, 어찌해
사람들은 자신이 어떤 사람인지를 말해 주는 하느님께 귀를 기울이
지 않는지 모릅니다.
내가 나 스스로에 대해 말함을 들을 때에도 그 말이 진실인지 아닌지
하느님께 귀를 기울이지 않는 그들은 과연 알겠습니까?

아우구스티누스의 『고백록』 일부분입니다.

그는 철학과 수사학 등 그 당시 권위 있는 학문을 충분히 배우고 가
르친 사람입니다. 그 과정을 거치면서 깨달았습니다. 인간에게 지식은
각자의 삶에 변화를 일으킬 만큼만 소용 있다는 것을 말이죠. 교과서
내용은 자신의 삶을 알고 교정해 주는 경전입니다. 다른 사람의 삶을
구경하는 호기심거리가 아니라는 이야기예요. 교과서를 보는 관점이 바
뀌게 되면, 교과서에 담긴 진실의 목소리를 들을 수 있습니다.

혹자는 이러한 이야기를 이상적이고 비현실적이라고 꼬집을 것입니
다. 그렇다면 과연 현실적인 것이 자녀들에게 도움이 될까요? 우리는
이 부분에 대해 심각하게 고민해 볼 필요가 있습니다. '현실적이다'라고
판단하고 사는 것이 실제로 도움이 되지 않는다면 그 현실적이라고 생
각하는 판단을 내려놓고 도움이 되는 새로운 판단을 선택하는 것이 더
이익이 되지 않을까요?

'기존의 눈'으로 '새로운 현실'을 보면 이상하게 보이기 마련입니다. 자녀에게 교과서를 경전으로 볼 수 있도록 돕는다면 자녀에게 무슨 손해가 생길까요? 우리는 경험해 보지 않은 것에 대한 막연한 두려움에 사로잡혀 사는 경우가 많습니다. 손해가 없는데도 두렵습니다. 교과서를 보는 시간에 남들은 문제집을 보고 공부할 텐데, 교과서에서 그대로 시험문제가 나오지도 않을 텐데…….

무엇보다도 우리는 자녀들을 마루타 대상으로 삼을 수는 없다고 생각하고 있습니다. 그런데 이런 생각들은 두려움을 키우는 '고정관념'일 뿐이에요. 교육은 두려움을 깨는 것이 목적입니다. 기존의 환경에 적응하도록 강요한다면 미래에 대한 두려움은 더욱 커질 뿐입니다.

부모부터 교과서를 경전으로 받아들이는 도전정신이 필요합니다. 부모가 교과서의 권위를 살려주면 자녀들이 해야 할 학습의 양은 줄어드는 반면, 학습의 질은 높아질 수 있습니다. 참고서와 문제집에 열중하는 대신에 교과서에 나오는 기본에 충실할 수 있는 여유가 생깁니다. 가장 기본적인 '개념이해'도 되지 않는 상태에서 그저 시험에 초점을 두고 교과서 밖으로 돌면, 일시적인 도움은 될지언정 결국 제자리에서 벗어날 수는 없습니다. 자녀의 기본역량을 바꾸는 것에 교육의 목적을 두어야 시간이 흐를수록 성적은 올라갑니다. 이 단순한 진리를 누구나 알고는 있지만 그것을 도전으로 실천하는 사람은 많지 않습니다. 자녀의 미래를 위해 이 작은 생각부터 실천해 보기를 권합니다. 교과서는 경전입니다.

06

뿌리는 아래로 향하고
싹은 위로 향한다

대한민국은 교육의 초강국입니다. 인구 대비 선생님을 가장 많이 만날 수 있는 조건을 갖춘 나라입니다. 태교를 전문적으로 연구해서 지도하는 선생님, 유치원 이전의 영아교육 선생님, 유치원 선생님, 학교 선생님, 학습지 선생님, 학원과외 선생님, 특기교육 선생님, 취업 지도 선생님, 취미 지도 선생님, 전문기술 지도 선생님, 마지막에는 웰다잉 지도 선생님, 태어나는 순간부터 잘 죽는 법에 이르기까지 선생님이 다 준비되어 있습니다. 교육의 시간과 장소도 편리합니다. 인터넷 강의는 물론이고 백화점, 마트, 도서관, 공공기관 어느 곳에서건 강좌가 열립니다. 교육은 '서비스'로 인식되면서 더 빠른 속도로 양질의 교육 콘텐츠가 확산되고 있습니다. 서비스는 소비자의 만족도가 경쟁력이에요. 소비자에게 친절해야 합니다. 소비자의 비위를 건드리면 곤란해집니다. 서비스업은 소비자의 불만에 예민하게 반응합니다.

교육도 마찬가지입니다. 강사는 지식과 기술을 파는 서비스맨이에요. 그것을 받아들이는 수강생이 왕입니다. 강사는 학생의 비위를 잘 맞추어야 인기가 높아요. 쓴 소리를 잘하는 강사는 의도에 상관없이 서비스 정신이 결여된 사람으로 오해도 받습니다. 조금 더 심한 교육기관에서는 수강생에게 잘 보이는 법까지 강사에게 전수하고 강요합니다. 하지만 강사가 학생에게 아부하는 순간, 교육은 본래의 역할을 잃어버리게 됩니다.

자녀가 처음 새로운 교사를 만나고 돌아오면 대개의 부모들은 "선생님 어땠어? 오늘 재미있었어?" 하고 물어봅니다. 물론 그 속에는 여러 가지 의미가 들어 있겠죠. 교육 커리큘럼은 마음에 드는지, 교사의 전달 능력은 자녀와 잘 맞는지, 교육환경은 적절했는지, 앞으로 믿고 맡길 수 있는지…… 다양한 궁금증을 한 마디로 던져본 말일 것입니다.

그러나 이 질문의 의도를 깊이 생각해 보면 서비스의 정도를 체크하고 있는 것입니다. 서비스의 이면에는 꼭 필요하지는 않지만 더하면 좋겠다는 플러스적인 가치가 바탕에 깔려 있어요. 즉 부모는 자녀가 무엇을 배울지 이미 다 알고 있습니다. 그러니까 자녀의 비위를 잘 맞추어

사람은 저마다 자기는 잘 알고 있다고 믿고 삽니다.
그 '믿음'이 깊어지면 '신념'이 생기고 신념이 강해지면 '고집'으로 굳어집니다.

잘 가르쳐 달라는 것이 목표입니다.

　반면에 첫 질문으로 "무엇을 배웠어?"라고 묻는다면 다른 측면의 해석이 가능합니다. 이 질문 속에는 그 교육 내용을 부모가 알든 모르든 자녀가 주체가 되어 왜 교육을 받고 왔는지를 확인하려는 의도가 담겨져 있어요. 요즘 부모들은 아는 게 너무 많습니다. 그것이 도리어 자녀 교육에는 방해가 되는 경우가 많아요. 부모가 아는 체하는 만큼 교육은 서비스의 개념으로 흐를 가능성이 더욱 커집니다.

　사마귀라는 벌레를 알고 계시지요?
　사마귀는 자기 팔을 벌리고 달려오는 수레바퀴에 맞섭니다. 자기 힘으로 수레바퀴가 벅차다는 걸 잘 알면서도 단지 자기 재능을 뽐내려고 합니다. 자기 능력을 지나치게 믿는 거지요. 그러니 부디 조심하고 신중하게 행동하세요. 자기가 훌륭하다고 자랑만 하고, 이런저런 일을 일일이 거스르면 오래 견디지 못합니다.

　『장자』'인간세편'에 나오는 이야기입니다.

　사람은 저마다 자기는 잘 알고 있다고 믿고 삽니다. 그 '믿음'이 깊어지면 '신념'이 생기고 신념이 강해지면 '고집'으로 굳어집니다. 고집은 상대에게 맞서려는 특성이 있어요. 상대와 맞서게 되면 병이 생깁니다. 상대와 맞서는 순간 상대를 이기려 덤비느라 자기 자신의 능력을 보지 못하게 돼요. 자기 능력을 보지 못하는 사람은 결국 상대방에게 지게 됩니다.

148

부모들이 교사와 맞서면 백전백패입니다. 부모가 교사에게 맞서는 것을 자녀가 아는 순간 자녀는 교사를 우습게 볼 것입니다. 부모가 교사에게 맞서면 그 교사는 자녀에게 소홀하게 대할 수도 있습니다. 부모 또한 자녀에게 혹시 불이익이 오지 않을까 불안에 떨어야 해요. 부모는 교사를 조건 없이 존중해야 합니다. 그것이 자녀를 돕는 길입니다.

사람은 살아 있을 때에는 부드럽고 약하지만,

죽으면 뻣뻣하고 굳어진다.

풀과 나무는 살아 있을 때에는 부드럽고,

죽으면 말라서 딱딱해진다.

그러므로 뻣뻣하고 굳은 것은 죽음의 무리이고,

부드럽고 약한 것은 삶의 무리이다.

군대가 강하면 이기지 못하며,

나무도 강하면 곧 꺾인다.

강하고 큰 것은 아래로 처지고,

부드럽고 약한 것은 위에 놓이는 것이다.

노자의 『도덕경』 '76장'입니다.

노자는 자연 속에 깃든 생명현상을 깊이 들여다보고 그 속에서 삶의 지혜를 배우라고 권합니다. 생명은 부드러움에서 출발하여 딱딱함으로 마무리합니다. 나무는 새싹이 나고 줄기로 변하다가 딱딱한 각질이 되면 고사합니다. 동물의 세포도 마찬가지예요. 세포활동을 하다가 임무를 마치면 때처럼 굳어져 사라집니다. 부드러움은 생명력을 의미합니다. 부드러움은 육체만을 의미하지 않습니다. 정신도 마찬가지예요. 사고가 딱딱한 사람은 쉽게 부러집니다. 사고가 유연한 사람은 생명력이 길어요. 나이가 들수록 딱딱해지는 사람은 존중받지 못합니다. 나이가 들수록, 위로 올라갈수록 유연한 사고를 가져야 합니다.

부모도 마찬가지입니다. 더 배웠다고, 더 많이 안다고 고개를 들수록 자녀들은 존경하지 않습니다. 더 낮은 곳을 보고 자녀 마음 하나하나를 챙길 수 있는 유연한 사고를 가진 부모가 존중받아요. 자연스러움의 가르침은 큰소리치지 않아도 자녀들이 순종합니다. 그것이 자연의 힘이에요. 아무리 훌륭한 부모와 교사가 있어도 자녀의 마음이 닫혀 있으면 아무 소용이 없습니다.

자녀도 자녀로서 최소의 기본을 갖추어야 합니다. 교사는 어떤 학생을 가장 예뻐할까요. 바로 질문하는 학생입니다. 가르치고 배우는 관계에서 질문은 교사에 대한 최대의 예우입니다. 물론 질문의 의도와 방법도 중요해요. 지식을 얻기 위한 단편적인 질문도 필요하지만, 교과목에 대한 심도 있는 고민을 해결하고자 묻는다면 교사는 그 학생을 달리 볼 것입니다. 또한 인생과 삶에 대하여 세상에 대한 오류를 걱정하며, 더 큰 세상을 꿈꾸는 질문을 던진다면 교사는 그 학생을 달리 볼 것입니다. 훌륭한 학생이 훌륭한 교사를 만듭니다. 따라서 부모는 자녀가 마

150

음의 문을 여는 방법으로 질문이 얼마나 중요한지 느낄 수 있도록 충분히 가르쳐 주어야 합니다.

> 공도자가 말하였다.
> "등경이 문하에 있을 적에 예禮로써 대하시면서, 그의 물음에는 답하지 않으신 것은 어째서입니까?"
> 맹자가 말하였다.
> "귀한 신분을 믿고 와서 묻거나, 현명함을 믿고 와서 묻거나, 연장자임을 믿고 와서 묻거나, 공로가 있는 것을 믿고 와서 묻거나, 연고를 믿고 와서 묻거나 할 때에는 모두 대답하지 않는 것이다. 등경은 이 가운데 두 가지를 믿고 있다.

『맹자』 '진심편'에 나오는 이야기입니다.

등경은 등나라 문공의 동생입니다. 장차 왕이 될 태자의 동생이니 신분으로 보나 아는 것으로 보나 맹자에게 굽힐 이유가 별로 없어요. 맹자는 그러한 태도를 가지고 배우러 왔기에 질문에 응하지 않았던 것입니다. 응하지 않은 것도 교육의 한 방법입니다. 맹자는 배우는 사람은 알고자 하는 오직 그것만을 초점에 두고 질문하고 논의해야 한다고 말합니다. 그 외적인 감정이 개입되면 제대로 가르칠 수도, 배울 수도 없기 때문입니다. 요즘 자녀들은 부모의 뒷배경을 믿고 오만한 태도를 보인다든지, 선행학습으로 조금 알고 있다고 자만하는 태도를 보이는 경우가 많습니다.

말은 사람의 마음을 움직이는 힘을 가지고 있습니다.
'살리는 말'은 사람을 살립니다. '해치는 말'은 사람을 해칩니다.

교육의 주체는 부모, 교사, 학생입니다. 그 3주체가 제대로 역할을 하기 위해서는 사회적인 분위기가 뒷받침되어야 합니다. 교육이 어려운 것은 이처럼 총체적인 협력이 필요하기 때문입니다. 사회는 특히 교사에 대한 예우를 각별히 높여 주어야 합니다. 과거에는 교사직이 천직으로 높이 존중하는 분위기였습니다. 교사들은 오로지 올곧은 교육으로 자녀들에게 큰 희망의 인생을 살도록 돕고 싶은 선비의 마음이 강하였죠. 교사에 대한 예우란, 다른 것이 아니라 이러한 자존감을 회복시켜 주는 것입니다.

교사는 다른 직업과 다릅니다. 단순히 직업인으로 대해서는 안 됩니다. 그들은 현재보다는 미래를 생각하고 흔들림 없이 이상을 지켜나가야 할 중차대한 사명을 짊어진 사람들이에요. 그들에게 항상 감사하고 관심을 가지고 물심양면으로 챙겨야 합니다.

맹자가 말하였다.

"말에 실상이 없는 것은 길하지 못한 것이다. 길하지 못한 것 가운데 가장 길하지 못한 것은 현자를 내팽개치는 것이다."

『맹자』 '이루편'에 나오는 이야기입니다.

사람의 말은 '공기'와 같습니다. 살아 움직이는 생명체입니다. 말은 사람의 마음을 움직이는 힘을 가지고 있어요. '살리는 말'은 사람을 살립니다. '해치는 말'은 사람을 해칩니다. 말은 곧 '사람 사는 모습'입니다. 맹자는 진실이 아닌 말을 나누는 것은 득이 되지 못하니 경계하라고 합니다. 그리고 말 가운데 가장 좋지 않은 말은 '현자를 내팽개치는 것'이라고 합니다. '바른 말을 하는 사람을 무시하는 사회, 올곧은 사람이 하는 말을 폄하하는 사회, 진리를 가르치는 사람의 말을 흘려듣는 사회, 양심을 말하는 사람을 존중하지 않는 사회' 이런 사회는 희망이 없는 사회입니다.

교사만큼은 늘 바른 소리를 당당하게 할 수 있는 환경을 조성해 나가야 합니다. 그런 사회는 교육의 권위가 서 있는 사회입니다. 교사는 자긍심을 먹고 삽니다. 사회에 진리가 살아 움직이도록 에너지를 쏟는 것이 교사의 소임입니다. 교사가 바른 말을 할 때 부모는 적극적으로 호응해 줘야 합니다. 학교생활에서 자녀에게 무슨 일이 있었을 때에도 상황은 충분히 듣되, 교사의 편을 들어주는 것이 더 지혜로운 부모예요. 교사는 늘 자녀와 세상을 걱정하는 사람이라는 신뢰를 가지고 대해 줘야 합니다. 그럴 때 자녀들은 배움에 대한 마음의 문이 열리고, 세상을 향한 긍정의 꿈을 키우려는 에너지가 생깁니다. 교사는 사람을 보는 눈이 일반사람들과 다르다고 믿어야 합니다. 잘난 사람이건 못난 사람이건 사람 그 자체로 대하는 마음이 가르치는 사람의 본심이기 때문입니다.

이러한 교사들이 많아 그래도 살맛이 난다는 소리가 여기저기서 들려야 합니다. 입은 무겁되 역사 앞에 부끄럽지 않은 이야기를 남기고 떠나야 진정한 교사입니다. 부모의 작은 눈빛 하나가 교사를 바꾸고 자녀를 바꿉니다.

07

강아지는 참새를
부러워하지 않는다

만약 학교에 시험이 없어진다면 어떻게 될까? 적어도 지금처럼 학교 이외의 별도 과외공부는 하지 않을 것이며, 여러 종류의 문제집이 난무하지도 않을 것입니다. 긴장하며 학교를 다니는 일도 없을 것이고, 성적 때문에 실망하는 일도 없을 것입니다. 좋은 학교와 나쁜 학교가 확실하게 나누어지지도 않을 것이며 지금처럼 학교의 권위가 강하지도 않을 것입니다. 지금처럼 대학을 꼭 가려고 하지도 않을 것이고, 친구들을 경쟁자로 보지도 않을 것입니다. 지금처럼 시험을 위한 공부는 하지 않을 것이며, 좋은 학군이라는 이름으로 지역이 나누어지지도 않을 것입니다. 시험 때문에 부모와 자녀 사이가 벌어지지도 않을 것이며, 교육비 문제로 자녀 낳는 문제를 고민하지 않아도 될 것입니다. 반수, 재수, 삼수라는 말은 들을 수 없을 것이며, 지금처럼 교육제도가 자주 바뀌지도 않을 것입니다. 지금처럼 부모들이 자녀 시험 때문에 해야 할 일을 미루지 않아도 될 것이며, 자녀를 조기유학 보내느라 힘들어하지 않아도 될 것입니다. 지금처럼 각종 시험을 치르느라 많은 국고를 낭비하지 않아도 될 것입니다.

그렇다면 시험은 누구를 위한 것일까요? 학생을 위한 것일까요, 부모를 위한 것일까요, 학교를 위한 것일까요. 아니면 사회를 위한 것일까요. 어쨌든 현실은 시험이 존재하고 그 시험을 잘 치러야 유리해집니다. 시험이란, 자기 자신의 실력을 객관적으로 가늠해 볼 수 있는 기회예요. 내가 배운 것에 대한 실력이 어느 정도인지, 절대적 상대적 위치를 가늠해 볼 수가 있습니다. 또한 시험은 승복하는 연습을 가르쳐주기도 합니다. 인간은 사회적인 존재로 사회생활을 하다 보면 승패는 필연적입니다. 사실 '승'보다는 '패'가 더 많은 것이 인생입니다. 시험은 학창 시절부터 실패에 대한 경험을 받아들이고 다시 도전하는 의지를 키워주는 훈련이기도 합니다. 시험은 겸손의 미덕을 가르쳐 주기도 합니다. 나는 다 안다고 생각했는데 시험을 보면 결과가 좋지 않아요. 시험은 나의 삶의 기준과 판단을 반성케 하는 귀중한 연습이기도 합니다.

우리 사회에서 시험은 그 자체에 문제가 있는 것은 아닙니다. 문제는 시험을 통해 얻은 성적으로 모든 걸 판단하고 결정하려는 현상에 있

156

어요. 시험은 시험일 뿐입니다. 그런데 우리 사회는 시험에다 너무 많은 가치와 의미를 부여하고 있습니다. 물론 무엇이든 결과는 중요합니다. 결과 속에 동기와 과정이 담겨있기 때문이지요. 그 사회 문화가 형성해 온 인재를 바라보는 역사성 또한 존중되어야 마땅합니다. 시험을 통해 인재를 알아보는 것도 그 중 하나라고 할 수 있습니다.

그러나 시험에 대한 맹목적인 추종은 모두에게 '득'보다는 '실'이 더 많습니다. 무엇이든 목적의 본질을 벗어나면 해를 가져오는 법이에요. 가령 어떤 학생이 인성적으로 분명히 문제가 있는데도 시험 성적이 좋다는 이유로 그것을 무마해 주는 상황이 벌어진다면, 그 가치판단은 이미 도道가 아닙니다. 자녀가 시험을 잘 보기 위한 조건으로 부모에게 흥정을 하거나, 거꾸로 부모가 자녀의 시험성적을 높이기 위한 전략으로 조건을 내거는 것 또한 그 도를 넘는 것이에요. 가족 행사에도 자녀의 시험을 이유로 자녀를 배제하는 문화는 이미 그 도를 넘고 있는 것입니다.

시험에 대한 맹신은 자녀의 가치관에 부정적인 영향을 끼칩니다. 상위권 자녀에게는 자기가 잘 났다는 우월의식을 길러줄 수 있어요. 또한 실력을 가장한 지배의식은 오만으로 발전할 가능성이 큽니다. 중위권 자녀에게는 실망과 자학, 적당주의 그리고 눈치를 은근히 학습시킬 수 있습니다. 또한 노력해도 거기서 거기를 벗어나지 못한다면 스스로 못 났다는 선을 긋기 시작할 수 있습니다. 그것이 반복되면 인생 별 것 없다는 식의 적당주의와 타협을 해가며 주위의 시선을 의식하는 사람으로 성장할 가능성이 큽니다. 하위권 자녀에게는 낙인의 꼬리표를 달아줄 수 있습니다. 이것은 처음부터 의도한 것은 아니지만 시험이 반복되면서 점차 자기 스스로 부정의식과 반항의식을 키우게 됩니다. 무엇이든 과유불급입니다. 시험에 대한 가치의 지나침은 모든 자녀들에게 에너지의 손실을 가져올 수 있습니다.

본래 시험은 평가당하는 것이 아니라 '내가 나를 평가하는 것'입니다. 똑같은 시험을 치르지만 관점을 어디에 두느냐에 따라서 삶의 태도가 달라질 수 있습니다. 평가당하는 것과 평가하는 것은 큰 차이가 있습니다. 내가 나를 평가한다는 관점은, 교육의 주체를 '나'로 보는 입장입니다. 그러나 평가당한다는 관점은 교육의 주체를 '나의 밖'으로 보는 입장이에요. 부모는 자녀에게 시험은 내가 나를 평가한다는 관점을 인식하도록 도와야 합니다. 교육의 주체를 '나'에게 두어야 지속가능한 성장을 할 수 있습니다.

학교를 다니는 것은 '나'를 발견하고 '나'를 개발하며 '나'를 완성하기 위함입니다. 우리나라에서 중학교까지는 의무교육이지만 그 형태가 의무교육인 것이지, 군복무처럼 강요하는 의무가 아닙니다. 의무교육이라 함은 복지적 관점에서 모두가 교육을 받을 수 있도록 기회를 동등하게 주자는 뜻입니다.

따라서 평가 역시 '나'에게 초점을 두고 내가 당당하게 평가하는 것이 맞습니다. 교육의 주체를 '나의 밖'에 두게 되면 똑같은 학교를 다녀도 입장이 달라집니다. 마치 군복무처럼 어쩔 수 없이 학교를 다녀야

하고, 어쩔 수 없이 배워야 하며, 어쩔 수 없이 시험을 봐야 하는 수동적인 태도를 익히게 됩니다. 소중한 청소년기에 시간, 돈, 에너지를 어쩔 수 없이 써야 한다는 인식을 심어주어서는 안 됩니다.

공자가 말하였다.
"남이 나를 몰라줄까 걱정하지 말고
내가 그렇게 하지 못할까 걱정해야 한다."

공자의 『논어』 '헌문편'에 나오는 이야기입니다.

공자는 늘 '나'를 걱정하라고 당부합니다. 모든 문제는 '안'에서부터 시작됩니다. '안'이 부실하면 '밖'이 화려하고 단단해 보여도 오래가지 못합니다. 실력이 있는 사람은 시험에 연연해하지 않아요. 외부환경에 의지하지 않아도 스스로 할 수 있는 힘을 가지고 있기 때문입니다. 실력이 부족한 사람은 항상 불안합니다. 불안에서 벗어나려고 외부환경에 의존하기도 해요. 그래서 이러한 사람들은 남을 의식하여 남에게 인정받기를 원합니다.

기존의 우리 교육은 '나의 안'보다는 '나의 밖'에 초점을 두었습니다. 학생 한 명 한 명의 꿈과 가치를 키워주는 '안'으로부터 출발하는 교육이 아니라, '밖'에서 부과된 지식을 얼마나 습득했느냐의 여부를 중심에 둔 교육이었어요. 그러다 보니 평가 역시 '밖'으로 치우치게 된 것입니다.

시험의 본질은 자기실현을 위한 척도입니다. 성장과정에서 자기역량을 제대로 파악해야 사회에 나가 자기 역할을 수행할 수 있습니다. 시험의 본질을 살리기 위해서는 현실의 제도를 탓하기보다는 자녀가 자기변화를 위한 공부를 당당하게 할 수 있도록 돕는 것이 더 시급해요. 대한민국도 인재에 대한 평가기준이 급속도로 변하고 있기 때문입니다.

우리 현실은 자존감을 가지고 창의성을 발휘하며 상호 배려하는 인재를 원하는 추세로 흐르고 있습니다. 지금 우리 자녀는 변화하는 기준에 얼마만큼 다가가려고 노력하는지 따져보아야 해요. 최근에 취업이나 입학시험에서 서류나 면접을 도입한 것은 시대가 요구하는 인재상을 반영하기 위한 시도라고 할 수 있습니다. 이러한 평가방식은 입시나 취업 이전에 초·중·고등학교 때부터 길러 나가야 할 것입니다.

공자가 말하였다.
"유由야! 내가 그대에게 '아는 것'이 무엇인지 알려주마.
'아는 것을 안다'고 하고 '모르는 것을 모른다'고 하는 것,
이것이 바로 '아는 것' 이다."

공자의 『논어』 '위정편'에 나오는 이야기입니다.
'아는 것을 안다'고 하고 '모르는 것을 모른다'고 판단하려면 인식의 기준이 내 안에 있어야 합니다. 다른 사람의 눈은 속일 수 있어도 자기 자신은 속일 수 없습니다. 수학과목에서 똑같은 문제를 풀어서 정답을 맞혔다 하더라도 '아는 것'의 범위는 다양합니다. 풀이과정을 암기하

여 맞춘 학생이 있는가 하면, 개념원리를 충실히 이해한 다음 그 원리에 적용하여 맞힌 학생도 있습니다. 또한 그 개념이 왜 그런지의 근본 이치를 알고 난 후 문제를 풀어서 맞힌 학생도 있어요. 기존의 지필평가 관점에서는 눈에 드러난 정답만 가지고 보았기 때문에 위의 세 명이 모두 그 문제를 안 것으로 평가했습니다. 그러나 서류나 면접에서는 그 문제 뒤에 숨겨진 다양한 능력을 평가합니다. 단순하게 풀이과정을 암기했는지, 개념을 이해하고 풀었는지, 근본 이치를 깨닫고 풀었는지 본인 스스로는 알고 있습니다. '내 안의 자기 기준으로 명확하게 판단하는 것'을 공자는 '아는 것'이라고 말합니다.

교육은 분명 평가가 주목적이 되어서는 안 됩니다. 한 인간의 자존감을 키워주고 사회에 나가 창의적인 역할을 수행하며 사람과 사람 사이에서 함께 배려하며 어울려 살도록 돕는 것이 교육의 목적이에요. 그리고 그 목적에 부합하는 인재가 되도록 점검하고 격려하는 것이 시험입니다. 이것은 누구나 다 알고 있고 당연히 맞는다고 생각하는 일입니다. 지금 우리에게 필요한 것은 이 당위성에 대한 재인식이에요. 당연하다고 하면서 왜 본래의 목적이 현실에서는 실현되지 못할까요? 그 원인을 밝혀보고 당위에 다가가도록 힘쓰는 것이 공부의 본질입니다.

사람들은 살면서 수많은 시험을 치릅니다. 그런데 시험 치르기에만 급급했을 뿐 시험 그 자체에 대한 고민은 크게 하지 않습니다.

'시험이라는 것이 무엇일까? 나는 왜 그 시험을 보려는 것일까? 아

하 그렇다면 이번 시험은 이렇게 치르면 되겠구나.'

이러한 절차를 검토하지 않는 것이 문제입니다. 무엇이든 주어진 것만 하려 하고 주어진 그 자체가 무엇이며, 어떻게 사용할지에 대한 숙고가 부족했습니다. 그래서 당위적인 것은 쉬운 듯하면서도 어려워요. 당위적인 것은 현실에서 늘 접하면서도 너무 당연하다고 받아들이기 때문에 예민하게 인식하려 하지 않는 것이죠. 시험 그 자체를 알아야 그 시험이라는 도구에 휘둘리지 않습니다. 시험은 나의 역량을 키우는 도구일 뿐이라는 것을 명심해야 합니다.

08

아이스크림은
여름에만 먹지 않는다

대한민국에서 당당하게 살려면 갖추어야 할 조건들이 많습니다. 돈, 외모, 연줄, 집, 차, 여유……. 그 가운데 빠지지 않는 것이 '학벌'입니다. 한국 사회에서 학벌은 옷으로 통해요. 아무리 외모가 출중해도 거기에 걸맞은 멋진 옷을 입어 주어야 폼이 납니다. '옷이 날개다, 기왕이면 다홍치마다, 같은 옷이라도 값비싼 옷이 더 좋아 보인다.' 그래서 사람들은 좋은 옷(학벌)을 마련하는 데 시간, 돈, 에너지를 아끼지 않습니다. 옷의 가치를 아는 사람일수록 과감하게 투자하고 배팅합니다. 해외 원정도 마다하지 않아요. 너도나도 귀한 옷을 구매하려 덤벼주니 대학은 행복합니다.

학벌은 그 사람의 배움 정도를 그 사회에서 객관적으로 인정하는 무형의 가치입니다. 그런데 한국 사회에서 학벌은 일종의 프리미엄 성격을 가지고 있어요. 프리미엄은 시장에서 가격을 결정할 때 사용하는 개념입니다. 학벌이 한국 사회라는 시장에서 결정적인 영향을 끼치고 있는 것은 부인하기 어려울 것입니다. 프리미엄은 시세 변화에 예민합니다. 학벌은 불변의 특수상품이라지만 시류를 타기 마련입니다. 날로 심각해지고 있는 청년실업 문제는 학벌이라는 상품가치를 다시 돌아보게 하는 계기를 가져다주고 있습니다.

원래 교육과정은 각 과정별 교육의 목적과 목표를 염두에 두고 설계됩니다. 유치원과 초등학교는 '사회적응'에 초점을 두고 설계합니다. 사회적응 교육은 육체적으로든 정서적으로든 아직 미성숙한 자녀들에게 인간과 사회와 자연에 대한 환경을 체험하여 사회의 일원으로서 삶의 터전에 안전하게 뿌리 내리도록 돕는 데 목적을 두고 있습니다. 중학교와 고등학교는 '자기발견'에 초점을 두고 설계해요. 인성과 학습과 진로교육을 체계적으로 이수하며 나는 무엇을 하며 어떻게 살 것인지, 자신의 잠재 가능성과 미래의 방향을 잡아가는 데 목적을 둡니다. 대학은 '자기계발'에 초점을 두고 설계해요. 중고등학교 때 잡은 자기발견의 잠재 가능성을 최대한 완성단계까지 끌어 올리는 데 목적을 둡니다. 대학은 이론적인 자기완성의 지도를 도면으로 그려나가는 단계입니다. 그 도면을 가지고 사회에 나가서 실천적인 자기완성을 이루어 나가도록 설계한 것입니다.

교육은 상급학교 진학을 위한 도구가 아닙니다. 각 단계에서 이루어지는 과정 그 자체로써 목적과 만족을 얻는 것이 정상입니다. 중학교를 다니는 것이 더 나은 고등학교에 들어가기 위한 목표가 되어서는 안 된다는 얘기입니다. 고등학교를 다니는 목적이 더 나은 대학을 들어가기 위한 목표여서는 내실 있는 교육적 성과도 이룰 수 없으며, 궁극적인 행복도 얻기 어려워진다는 것입니다.

> 행복은 어떤 상태가 아니라 오히려 하나의 활동이다. 만일 행복이 어떤 상태라고 하면, 그것은 식물인간처럼 일생 동안 잠들어 있는 사람에게도 속하고, 또 큰 불행을 당한 사람에게도 해당될 것이다.
> 활동에는 다른 어떤 것 때문에 바람직한 것도 있고, 그 자체로 바람직한 것도 있다. 행복은 분명히 그 자체로 바람직한 것이다. 행복은 또한 아무것도 부족하지 않고 스스로 만족할 수 있는 것이다. 그 자체로 바람직한 활동은 그 활동 이외에 다른 것을 바라지 않는 활동이다. 덕이 있는 행동이 바로 이러한 활동이다. 고귀하고 좋은 행위를 하는 것은 그 자체로 바람직하다.

아리스토텔레스의 『니코마코스윤리학』 일부분입니다.

아리스토텔레스는 궁극적인 행복은 '활동 그 자체로 만족하는 데 있다'고 합니다. 어떠한 활동이 다른 어떤 것 때문에 행해질 때는 행복으로부터 멀어진다는 것이에요. 그의 말을 기준으로 보면 우리 삶의 패턴은 행복을 찾아보기 어려운 구조입니다.

유치원 졸업을 앞둔 부모는 자녀를 어느 초등학교를 보내야 할지 고민을 합니다. 그 고민의 밑바탕에는 좋은 중·고등학교에 보내고 싶다는 욕망이 깔려 있죠. 중학교에서 고등학교를 선택할 때는 더 예민해집니다. 좋은 대학에 보낼 수 있는 좀 더 유리한 조건의 학교인지 꼼꼼하게 따지게 됩니다. 대학 선택은 생계와 직결된 선택이니 초비상입니다. 초·중·고등학교 교육 목표는 더 나은 대학입학에 초점을 두고 있다고 해도 과언이 아니에요. 하지만 대학에 들어갔다고 안심할 수도 없어요. 취업이라는 더 높은 문턱이 기다리고 있으니까요. 요즘 취업은 하늘에 별 따기만큼 어렵습니다. 그렇다고 그냥 아무데나 들어갈 수도 없어요. 그 어려운 관문을 통과하여 취업을 했다고 해서 마음 놓고 여유를 즐길 시간도 없어요. 취업이든 창업이든 치열한 경쟁환경에서 살아남는 게 만만치 않기 때문이죠. 그 틈에서도 퇴직 후 연금 등 노후 걱정도 해야 합니다.

우리는 항상 미래 가치에 치중하느라 현재 가치를 못 보거나 포기해야 하는 구조에서 살고 있습니다. 진정한 의미에서 만족하는 삶이 없는 시스템이에요. 아리스토텔레스는 이러한 삶은 식물이나 기계처럼 정서적인 행복감은 느끼지 못할 것이라고 충고합니다. 그는 행복은 '순간순간의 삶이 목적'일 때만 가능하다고 합니다. 유치원 때는 유치원 때 배우고 느낄 수 있는 것에서 행복을 얻어야 해요. 고등학생은 고교시절에서만 배우고 느낄 수 있는 것에 충실하면서 그것이 자연스럽게 대학입시의 준비가 되어야 정상입니다. 순간순간 '자족하는 삶'이 지속적인 행복의 길입니다.

학교 선택은 무척 중요합니다. 교육은 어떤 환경에서 어떤 교사를 만나느냐에 따라서 자녀의 미래에 결정적인 영향을 끼치기 때문입니다. 학교 선택에도 부모의 지혜가 필요한 때입니다. 학교 선택의 기준은 학교의 철학이 무엇인지 꼼꼼히 따져서 결정해야 해요. 철학은 추상적인 것처럼 보여도 자녀들의 평생 삶의 방향에 절대적인 영향을 끼치는 요소입니다. 학교의 외형적으로 드러난 실적보다는 그 학교의 전통과 이념, 그리고 그 학교가 추구하는 가치를 검토하는 지혜를 발휘해야 합니다.

또한 학교를 일단 선택했으면 졸업할 때까지는 내가 선택한 학교가 최고라고 믿으세요. 이것은 자녀에게 지대한 영향을 끼칩니다. 마치 병원에서 나를 진료하는 의사를 믿는 것처럼 맹신해야 합니다. 그 마음에서 자녀는 자긍심을 배우게 됩니다. 그리고 부모든 학생이든 내가 선택한 학교에서 득 볼 생각은 머리에서 지우세요. 그러한 에너지가 있다면 차라리 부모든 학생이든 선택한 학교를 스스로 키울 생각을 하는 것이 훨씬 좋은 결과를 낳을 것입니다. 학교의 덕을 보려는 의존성은 겉치레와 함께 탓하는 습관을 기르기 때문입니다. 부모의 학교 선택에 대한 마음이 바뀌면 자녀들은 미래를 준비하는 태도가 달라집니다.

"자유민이란, 어떤 지식도 노예와 같은 방법으로 습득해서는 안 되기 때문이지. 왜냐하면 육체적인 노고는 강제로 가능하지만 영혼에 강요된 지식은 아무것도 남지 않기 때문이네."

플라톤의『국가』일부분입니다.

플라톤은 사람이 노예근성에서 벗어날 수 있는 유일한 방법은 교육이라고 주장합니다. 기존의 우리 교육은 전반적으로 노예근성을 은근히 부채질하는 경향이 있습니다. 좋은 고등학교에 가야 그 환경에 편승해서 좋은 대학에 들어갈 수 있다고 가르쳐요. 좋은 대학에 들어가야 좋은 직장을 구할 환경을 얻게 된다고 세뇌합니다. 해외유학을 가더라도 우리나라보다 더욱 발전한 나라를 선택해야 하는 것으로 인식되어 있어요. 그 이면을 들여다보면 노예근성이 숨겨져 있는 것입니다.

비전 있는 자녀로 키우기 위해서는 무엇을 얻으려 하지 말고, 무엇을 줄 것인지 가르쳐 주세요. 바야흐로 글로벌 시대입니다. 우리 동네에서 통용되는 학벌의 가치에 너무 귀를 기울이면 위험합니다. 폭넓게 보고 시대의 변화를 읽고, 자녀의 꿈속에 들어있는 비전의 씨앗을 어떻게 키울 것인지 함께 고민하는 부모가 되어야 하며, 그러기 위해서 열린 마음이 절실히 필요합니다.

사람이 축축한 데서 자면 허리가 병들어 못 쓰게 되지만 미꾸라지도 그럴까? 사람은 높은 나무에 올라가면 무서워 벌벌 떨지만 원숭이도 그럴까? 사람과 미꾸라지, 원숭이 가운데 어느 것이 자기가 있는 곳에 대해 올바르게 알고 있을까?

사람은 고기를 먹고, 사슴은 풀을 뜯어먹고, 지네는 뱀을 달게 먹고, 올빼미와 까마귀는 쥐를 좋아하지. 사람과 사슴과 지네와 올빼미와 까마귀 가운데 어느 쪽이 맛을 제대로 안다고 할 수 있을까?

원숭이는 원숭이와 비슷한 편저를 암컷으로 삼고, 고라니는 사슴과 사귀며, 미꾸라지는 물고기와 논다. 사람들은 모장과 여희가 아름답다고 생각하지만 물고기는 이들을 보자마자 물 속 깊이 들어가 숨고, 새는 보자마자 높이 날아가고 사슴도 보자마자 다급하게 도망간다. 여희, 모장과 물고기, 새, 사슴 가운데 어느 쪽이 아름다움을 제대로 안다고 할 수 있을까?

『장자』 '제물론'에 나오는 이야기입니다.

내가 소중하다고 여기는 것이 언제, 어디서나 소중한 것은 아닙니다. 기준을 바꾸면 소중한 것도 하찮은 것으로 바뀔 수 있어요. 장자는 가치 인식의 주관성은 인정하지만, 그 틀에 스스로 묶이는 오류를 경계하라고 조언합니다. 사람은 자기 스스로 구속하는 습성이 있습니다. 구속은 부자연스러움이며 에너지를 소진시킵니다. 사람은 타인의 시선을 무시하며 살 수는 없습니다. 그러나 그 시선에 노예가 되는 것은 모두를 불행하게 만듭니다.

우리 자녀들은 자유의 날개를 원합니다. 부모는 그 선택이 불안할지라도 자녀가 자신의 자연본성을 발견하고 개발하기 위한 동기가 살아 있다면, 그 동기를 신뢰해 주어야 합니다. 자유는 부지런한 자에게 주어진 신의 선물입니다.

　인생은 선택의 연속입니다. 그 선택은 어느 쪽이든 선택한 자가 스스로 책임을 지는 법입니다. 그래서 선택은 '동기'가 중요합니다. 그 동기가 떳떳하고 당당하면 선택의 결과에 수긍을 합니다. 그러나 선택의 동기가 쩨쩨하고 부끄러우면 화병이 납니다. 선택의 이면에는 자신의 얼굴과 거울이 마주하고 있기 때문이에요. 부모는 자녀가 인생의 무대에서 들러리 서지 않도록 신중해야 합니다. 부모가 학교라는 겉포장에 가치를 두기 시작하면 자녀는 자연히 겉돌게 됩니다. 내 안의 가치보다 타인들의 가치가 더 커 보이기 때문입니다.

　부모의 사소한 말 한마디가 자녀에게는 의존심을 키울 수도 있어요. 소박하게, 겸손하게, 진득하게 내 안의 가치를 하나하나 쌓아가는 자가 미래를 이끄는 주인공이 될 것입니다. 그것이 자연본성의 역사입니다.

09

등치 큰 고래도 바닷물을
다 마시려 들지 않는다

　자녀의 미래가 궁금할 때가 많습니다. 자녀가 성장하여 부모 곁을 떠나 독립된 존재로서 역할을 잘 해낼 수 있을지 예측이 잘 되지 않습니다. 어떤 직업을 가지고, 어떤 배우자를 만나서, 어떤 생활을 꾸려 나갈지 잘 그려지지가 않습니다. 지금 현재 부모가 자녀에게 해줄 수 있는 일은 미래의 불안요소를 최소화하도록 돕는 것 밖에 없습니다. 그것은 건강과 공부입니다. 건강하고 공부 잘하면 그마나 안심이 돼요. 그러나 그것만으로는 불안이 완전히 살아지지 않습니다. 부모는 이 시간에도 그 불안과 끝없이 싸우고 있습니다. 이러한 불안에서 벗어날 수는 없는 것일까요.

인간의 특성 가운데 하나는 자유를 즐길 수 있다는 점입니다. 자유의 세계는 사람마다 다르게 그려냅니다. 시간적인 자유가 있는가 하면, 공간적인 자유의 세계도 있어요. 육체적인 자유가 있는가 하면, 정신세계의 자유도 있습니다. 현실적인 자유가 있는가 하면, 이상적인 자유의 세계도 있어요. 그 자유의 세계를 어떻게 만들고 활용하는가는 전적으로 그 사람의 역량에 달려 있습니다.

당신은 자유로운 사람인가요? 자유하면 무엇이 떠오르나요? 시간, 돈, 여유, 가족, 여행……. 현대인들은 자유도 눈에 보이는 세계에서 찾으려고 해요. 눈에 보이는 세계를 다루는 과학적 인식에 익숙해진 사람들은 과학처럼 예측 가능한 세계가 아니면 불안을 느낍니다. 눈에 보이는 세계는 자유의 일부분이에요. 자유는 앎의 세계와 관련이 깊습니다. 일반적으로 자기가 아는 범위 안에서 자유의 집을 짓습니다. 자유의 길을 갈 것인지, 구속의 길을 갈 것인지는 '인식의 지평'에 달려 있습니다.

큰 지혜는 한가하고 너그럽고,

작은 지혜는 옳고 그름을 따지기만 한다.

훌륭한 말은 담담하여 옳고 그름을 따지지 않고,

쓸데없는 잔말은 시끄럽다.

잠들어도 꿈이 뒤숭숭하여 마음이 어지럽고

깨어나도 몸으로 자꾸 움직여야 해서 날마다 마음으로 싸운다.

172

때로는 너그럽다가 진지하다가 또 깐깐해진다.

작은 두려움에 흠칫 놀라고

큰 두려움에 기운을 잃는다.

옳고 그름을 가릴 때는 활 틀에서 날아가는 화살처럼 말이 빠르고

하늘에 건 맹세를 끝까지 지킬 듯이 끝까지 고집을 부려 이기려 한다.

가을 겨울에 풀 나무가 말라가듯이 나날이 시들고

일에 빠져들면 헤어날 길이 없다.

늙어서 욕심이 지나친 것을 보면, 근심에 눌려 꽉 막힌 것 같다

죽음에 가까워진 그 마음은 다시 소생시킬 수가 없다.

『장자』 '제물론'에 나오는 이야기입니다.

사람들은 자기 스스로 '판단의 기준'을 세우고 그 기준에 의하여 '구속'을 자청하는 경향이 있다고 장자는 말합니다. 한번 옳고 그름을 정하면 그 기준에 맞아야 속이 후련합니다. 그 기준에서 조금이라도 벗어나면 따지고 변론하느라 시끄러워져요. 그 기준이 무너질까 불안하기 때문이죠. 장자는 사람들이 스스로 세워놓은 기준을 따라가느라 마음이 뒤숭숭하며 변덕을 부린다고 말합니다. 그 기준을 고집하면 할수록 더욱 단단해져요. 그 단단해진 것은 마치 가을, 겨울에 풀 나무가 말라 비틀어져가는 것과 흡사합니다. 그것은 욕심이며 죽음의 마음입니다. 장자는 '자기 판단의 기준'을 벗어나야 비로소 '자유의 세계'에 들어갈 수 있다고 말해요. 인식의 세계를 '확장'하라는 이야기입니다.

공부의 목적 가운데 하나는 자유를 맛보기 위해서입니다. 모르면 용감할 수는 있지만 자유로울 수는 없어요. 알면 불안에서 벗어나는 동시에 용감하게 자유를 얻을 수 있습니다. 인간은 '인식'을 통해서 자기 세계를 확장해 나가는 존재입니다. 이때 인식에도 단계와 범위가 있음을 알아야 합니다.

첫째는 '정보'의 인식단계예요. '누군가가 그렇다고 하더라'는 식의 특수한 경험들을 수집하여 사용하는 인식이죠. 이것은 솔깃하긴 해도 검증되지 않은 가장 얇은 인식층입니다.

둘째는 '지식'의 인식단계예요. 인류 역사를 거치면서 경험한 다양한 정보를 체계화하고 일반화 과정을 거친 인식입니다. 지식은 객관적인 검증의 절차를 거쳤기 때문에 신뢰할 수 있으나 간접체험이라는 한계를 지닙니다.

셋째는 '내적 깨달음'의 인식단계예요. 정보와 지식이 '외부'에서 유입된 인식이라면, 깨달음은 '내부'에서 자각하는 직접체험입니다. 깨달음의 인식은 특수하면서도 일반성을 동시에 지닙니다.

요즘 부모들은 자녀교육에서 자유롭지 못합니다. 그 이유는 위에서도 언급했듯이 정보의 인식에 지나치게 의존하고 있기 때문입니다. 정보의 인식단계는 '불안'을 가중시켜요. 정보는 그 특성상 욕심을 자극합니다. 욕심은 욕심을 키우죠. 욕심으로 인한 정보는 셀 수 없을 만큼 비대해집니다. 정보의 인식에 의존하게 되면 정보에 구속됩니다. 남들의

무식하면 용감~

난 이렇게도 딸 수 있어!

'자기 판단의 기준'을 벗어 나야 비로소 '자유의 세계'에 들어 갈 수 있습니다.
인간은 인식을 통해서 자기 세계를 확장해 나가는 존재입니다.

특수한 경험들이 궁금하고 더 커 보이는 것입니다. 그 불안을 해소하기 위해서 각종 커뮤니티에 참여합니다. 그리고 커뮤니티의 홍수 속에서 그 발설자의 진위와 진정성마저 의심하는 단계에 이르고 있어요. 각종 설명회가 그것입니다.

전문가는 지식의 인식단계를 주도한 사람들입니다. 그 전문가 집단의 판단에 반기를 든 것이 요즘 회자되는 대중지성입니다. 지식의 인식은 체계적이고 논리에 부합하여 범용할 수 있으리라는 확신에서 출발했습니다. 특히 과학의 이름으로 더 많은 사람들에게 인식의 지평을 열어주고 자유를 얻을 수 있으리라는 기대를 주었습니다. 그러나 시간이 지날수록 지식은 경직되고 지식을 위한 지식으로 자리매김하기에 바빠졌어요. 그 곳에는 지식으로 인한 또 다른 구속이 존재하고 있었던 것입니다. 자녀들 입시전문가 집단의 등장도 이와 같은 것을 증명하고 있습니다.

석가가 말하였다.

"미혹迷惑한 아들이 손에 금전을 쥐고 있으면서도 가지고 있는 줄 알지 못하고, 온갖 곳으로 돌아다니며 오십 년을 지냈다. 가난하고 궁핍하며 곤란하고 괴로워져서 일을 구하여 몸을 유지하려 하였으나 충분하지 않았다. 그 아비가 아들에게 이러한 일이 있음을 알고서 아들에게 말하였다.

'너는 금전을 가지고 있으면서 어째서 사용하지 않느냐? 네 뜻대로 사용하면 모두 충족함을 얻을 것이다.'

그 아들이 깨닫고 나서 금전을 얻어 마음으로 크게 기뻐하며 돈을 얻었다고 말하였다. 그 아비가 말하였다.

'미혹한 아들아, 기뻐하지 말아라. 얻은 바의 금전은 네가 본래 가지고 있던 물건이지 네가 얻은 것이 아니니, 무엇이 기뻐할 만하겠는가?'"

석가의 『금강삼매경』에 나오는 이야기입니다.

"얻은 것의 금전은 네가 본래 가지고 있었던 물건이지 네가 밖에서 얻은 것이 아니다."

석가는 사람은 태어날 때부터 일평생을 쓰고도 남을 만큼 능력을 가지고 있는데도 그 힘을 모르고 밖에서 남의 것을 탐내는 데 능력을 소진하고 있음을 안타깝게 여기고 있습니다. 현실의 교육은 내 안에 이미 주어진 능력의 사용법을 가르치지 않아요. 눈으로 무엇을, 어떻게 보고, 깨달을 것인지 가르치지 않습니다. 귀로 무엇을, 어떻게 듣고, 사는 것이 이치에 맞는지 가르쳐주지 않습니다.

진정한 자유는 나를 알아가는 데서부터 출발합니다. 손에 금전을 쥐고 있다는 사실을 모를 때는 불안하고 초조해 괴롭습니다. 그런데 자신의 손에 금전이 있다는 아비의 말에 깨달음을 얻은 아들은 더 이상 불안해하지도, 밖에서 남의 물건을 탐낼 필요도 없어졌습니다. 이것이 자유를 얻는 '사고의 전환'입니다. 내 안에 있다고 해서 공부를 하지 않아도 된다는 의미는 아닙니다. 돈을 내 손에 쥐고 있을 뿐 사용하는 법을 모르면 내 것이 아니에요. 그와 마찬가지로 내 안의 나를 아는 공부가 필요합니다.

자녀들이 배우는 많은 지식도 내 안의 자유를 얻기 위한 훌륭한 도구들입니다. 국어, 수학, 외국어는 사고의 운영체계입니다. 체계적인 인식을 돕기 위한 교과목이죠. 그래서 중요과목으로 가르치고 있습니다. 나머지 교과목은 인간에 대한 영역, 사회에 대한 영역, 자연에 대한 영역으로 구분할 수 있습니다. 컴퓨터로 비유하면 언어는 OS, 즉 전체적인 운영체계이고 나머지 교과목은 세부 프로그램인 셈입니다. 언어를 모르면 답답합니다. 나와 관계 맺는 인간을, 사회를, 자연을 알지 못하면 자유롭지 못합니다. 인간은 자유롭기 위해 끝없이 깨달음을 얻기 위해 노력해야 합니다.

어느 날 장주는 꿈속에서 나비가 되었다.

나비는 훨훨 꽃 사이를 즐겁게 날아 다녔다.

유유자적하면서 재미있게 지내는데,

자기가 누구인지 알지 못했다.

그러다 문득 잠에서 깨어났다.

장주가 나비되는 꿈을 꾸었는지,

나비가 장주되는 꿈을 꾸었는지 알 수 없었다.

장주와 나비 사이에는 어떤 구분이 없다.

이것을 물화物化라고 한다.

『장자』 '제물론'에 나오는 이야기입니다.

장자 이야기 가운데 인식과 자유의 관계를 가장 잘 표현한 대목입니다. 나와 대상 사이에 구별이 없는 것, 이것이 '완전한 인식'이요, '참 자유'입니다. 나와 대상 사이에 구별이 남아 있다면 '참 인식'과 거리가 있다는 이야기입니다. 거리가 생기면 부자연스러워요. 그것은 아직 나와 대상이 둘로 갈라진 상태의 인식입니다. 이것은 대상을 알았다고 하더라도 정보의 인식단계이거나, 지식의 인식단계에 머물러 있다는 것이죠. 깨달음의 인식단계에서는 나와 대상이 하나입니다. 가령 낯선 곳에 처음 갈 때는 그곳에 적응하느라 무척 어색합니다. 나와 그곳이라는 대상이 서로 너무 멀어요. 그러나 반복해서 그곳에 가게 되면 언젠가는 아무 의식하지 않고도 그곳을 다닐 수 있게 됩니다. 나와 그곳이 하나가 된 상태가 되는 것입니다.

사람은 공부할 수 있어 행복한 존재입니다. 자녀들은 아직 이 말의 의미를 수용하기 어려울 거예요. 깨달음의 인식경험이 부족하기 때문이지요. 그렇기 때문에 부모는 자녀에게 깨달음의 인식을 체험할 수 있도록 도와야 해요. 그것이 열리면 공부는 스스로 하게 되어 있습니다. 깨달음의 세계에서 자유를 얻는 방법을 알게 되기 때문입니다.

자유의 세계는 누구나 원합니다. 그 무한한 세계를 개발하고 그곳에서 행복의 집을 지을 수 있도록 도와야 합니다. 부모와 자녀는 서로 자유로울 수 있도록 주고받아야 해요. 소크라테스는 '최고의 선은 앎이요, 최고의 악은 무지'라 했습니다. 몰라서 잘 못 주면, 서로가 서로를 구속하고 발목을 잡힐 수 있습니다.

　부모도 깨달음을 얻기 위한 새로운 공부가 필요합니다. 부모가 깨닫는 것이 더 급선무예요. 자녀들은 어른이 되어서도 다시 배울 기회가 많습니다. 부모가 자유로울 수 있는 공부가 더 급합니다. 내가 자유로워야 다른 사람들에게도 자유를 줄 수 있습니다. 세상 일 모든 것은 결국 내가 아는 것으로 출발해서 내가 아는 것으로 막을 내립니다. '나'를 아는 만큼 자유를 얻습니다.

10

즐겁지 않으면
진짜 공부가 아니다

　이 세상에는 똑똑한 사람들이 참 많습니다. 학문적으로 박사학위를 가진 사람이 대한민국에 몇 명이나 될까요. 경영적으로 전략과 전술 전문가는 몇 명이나 될까요. 정치적으로 지략가는 얼마나 될까요. 그 밖에도 전문분야에서 나름대로 달인 소리를 듣는 사람은 또 얼마나 될까요. 웬만큼 튀어서는 명함 내밀기도 쑥스러울 정도로 잘난 사람들이 가득한 사회에 우리는 살고 있습니다.

　그런데도 그들의 행복지수는 날로 떨어지고 있다는 소식이 종종 들려옵니다. 묘한 현상이에요. 상식적으로 생각해도 이해가 안 됩니다.

똑똑한 사람들일수록 행복한 삶을 잘 가꾸어 갈 수 있는 것이 아닐까요? 똑똑한 것과 행복한 삶은 무관한 것일까요? 부모는 자녀를 똑똑하게 키우려고 어린 시절부터 지극정성을 다 들이는데 결과가 불행하다면 고민이 되지 않을 수 없습니다.

사람은 누구나 똑똑해지고 싶은 욕망이 있습니다. 그래서 공부를 시작합니다. 공부를 하면 내가 몰랐던 세계와 영역을 알게 되고 더 많은 공부를 하게 되면 다른 사람보다 앞서게 됩니다. 앞서기 시작하면 뒤따라오는 사람을 가르치고 이끌어주는 입장이 됩니다. 나보다 부족한 사람을 이끄는 위치에 서 있다 보면 서서히 자만심이 싹트기 시작해요. 자만심은 주위 사람들의 칭찬을 먹고 쑥쑥 자랍니다. 자만심이 커질수록 배움에는 장애가 됩니다. 내가 안다고 생각하는 순간 배움의 문은 닫혀버리기 때문입니다.

인간은 미완성에서 완성으로 향해가는 존재입니다. 그것이 배움의 길이며 삶의 멋입니다. 그런데 자칭 똑똑하다는 사람들은 배움의 길이 폐쇄적으로 흐르기 쉽습니다. 똑똑하면 자만하게 되고 자만심을 바탕으로 공부를 하게 되면 완성자의 입장에 서서 바라보려는 경향이 있기 때문이죠. 이것은 배움이라는 관점에서 보면 자기중심에 갇혀 있는 것입니다.

또한 전문분야의 챔피언은 외롭습니다. 그 자리를 지키려면 한시도 경계를 늦추어서는 안 되기 때문입니다. 긴장의 연속입니다. 자만심에서 비롯된 배움 안에는 경쟁에서 우위를 지키려는 자기 욕망이 들어 있습니다. 자기욕망을 채우는 공부는 전시적인 경우가 많아요. 이것은 자기 확장과 자족을 추구하는 내적 깨달음의 배움과는 거리가 멉니다. 따라서 자만의 공부는 똑똑한 사람은 될 수 있을지 모르지만 행복한 사람으로 직결되지는 않아요. 우리는 자녀들에게 부지불식간에 자만심을 키워주는 언행은 하지 않았는지 돌아볼 필요가 있습니다.

공자가 말하였다.
"배움에 있어서는 항상 아직 미치지 못한 듯이 할 뿐만 아니라,
나아가 오히려 배운 것조차 잃어버릴까 두려워해야 한다."

공자의 『논어』 '태백편'에 나오는 이야기입니다.

공자는 배움에 있어서 '겸손'의 미덕을 강조합니다. 배움에는 겸손이 스승입니다. 배울 때는 아무리 겸손해도 지나침이 없어요. 설령 내가 이미 알고 있는 것을 상대방이 다시 가르치려고 해도 자세히 듣는 태도가 배우는 자의 올바른 자세예요. 나의 부족함을 발견하려는 태도가 배우는 자의 겸손입니다. 사람은 완전할 수가 없습니다.

그래서 공자는 "배움에 있어서는 항상 아직 미치지 못한 듯이 하라."고 말합니다. 또한 배움의 완성은 '실천함'에 있습니다. 배운 것은 때에 맞게 익혀 의식하지 않아도 자연스럽게 실천하도록 반복하고 또 반복해야 합니다. 배우고 이해하며 암기했다고 해서, 알았다고 생각해서는 안 됩니다. 배운 것을 완전히 익혀서 자유자재로 사용할 수 있는

단계까지 도달해야 안 것입니다. 그래서 공자는 "배운 것을 잃어버릴까 두려워해야 한다."고 말한 것입니다.

우리 자녀들은 배움의 자세가 많이 부족합니다. 조금만 알아도 잘난 체를 해요. 부모들은 그런 자녀를 도리어 대견스럽게 생각합니다. 기특하다는 생각으로 칭찬을 아끼지 않아요. 그러면 자녀들은 부모의 눈빛을 살피고, 더 잘난 체할 수 있는 방법을 찾아요. 이것은 '오만'이나 '방종'의 습성을 기르는 길이 됩니다. 잘난 체를 키워주는 것은 사기士氣를 길러주는 것과 다릅니다. 잘난 체는 상대방보다 우위라는 시선을 의식적으로 기르는 행위예요.

반면 사기士氣는 내면의 싹이 올곧고 당당하게 자랄 수 있도록 주변 환경에 자극을 주는 행위입니다. 가령 자녀가 시험에서 전교 1등을 했다고 해요. "역시 네가 최고다!", "너는 어릴 때부터 똑똑했어!" "다음에도 실망하지 않도록 더욱 노력해야 한다." 이것은 잘난 체를 키워주는 말입니다. 반면에 "너의 노력이 헛되지 않았구나.", "너는 이번 시험에서 1등한 이유가 뭐라고 생각하니?", "다음 목표는 무엇이니?"라는 말은 사기를 길러주는 말입니다.

잘난 체는 시간이 흐를수록 부담으로 다가옵니다. 그것은 공부를 잘하게 하는 일시적인 자극은 될지 모르지만 자녀가 행복하게 살아갈 수 있도록 북돋아주는 방식은 아닙니다. 배움을 통한 행복은 자신의 미완성 부분을 발견하고 완성에 가깝도록 빈 곳을 찾아 채워가는 데 있습니다. 그 빈 곳을 스스로 찾는 방법을 가르쳐 주는 것이 부모의 역할입니다.

공자가 말하였다.

"나는 열다섯에 배움에 뜻을 두었고,

서른에 세계관을 확립했고,

마흔에 미혹됨이 없었으며,

쉰에는 천명을 알았고,

예순에는 귀에 거슬리는 말이 없었으며,

일흔에는 마음대로 행하여도 법도를 넘는 일이 없었다."

공자의 『논어』 '위정편'에 나오는 이야기입니다.

공자가 훗날 자기가 걸어온 배움의 길을 돌아보며 깨달음의 단계를 서술한 것입니다.

1단계는 배움에 뜻을 두는 공부의 출발과정이에요. 공부는 동기가 중요합니다. 그 동기가 공부의 양과 질을 결정합니다. 공자를 비롯한 큰 인물들은 세상에 대한 걱정에서 공부를 시작합니다. 그들은 사람들이 행복한 세상을 가꾸어 나갈 수 있는 길이 어디인지를 찾으려 애쓰고, 그 길을 발견한 후에는 그것을 다듬는 걸 공부의 목표로 삼습니다. 공자는 사람과 사람 사이가 지속적으로 좋으면 행복할 것이라고 생각했습니다. 그래서 관계 맺기에 대한 예禮를 체계적으로 공부할 것을 목표로 세웁니다.

2단계는 세계관을 확립하는 과정이에요. 세계관은 공부목표에 도달하기 위한 이론적인 골격을 세우는 단계예요. 공자는 서른에 예禮를 통한 체계적인 관계 맺기 시스템을 구축합니다. 3단계는 자기 철학에 대한 흔들리지 않은 신념이 서는 과정이에요. 공자는 마흔에 예禮를 지탱하는 인仁의 철학을 정립하는 단계에 이릅니다.

4단계는 천명을 아는 과정이에요. 미혹의 철학이 개인적 차원이라면, 천명은 보편적인 철학으로 확대됨을 의미합니다. 인仁과 예禮는 인간이 가야 할 마땅한 길이며, 하늘이 인간에게 부여한 행복의 길임을 깨달은 것입니다.

5단계는 귀에 거슬리는 말이 없는 진리와 소통하는 과정이에요. 진리와 하나 되면 그것이 곧 하늘의 마음입니다. 하늘은 모든 것을 품습니다. 하늘의 입장에서 보면 내편 네편이 없습니다. 잘났건 못났건 같은 사람이에요. 그래서 누구의 말이든 거슬리지 않습니다.

마지막 6단계는 마음대로 행하여도 법도를 넘는 일이 없는 과정이에요. 공부의 완성단계이죠. 깨달음의 경지는 억지로 하는 체하거나 의식적으로 노력하여 행동하는 것이 아니에요. 하늘의 명령대로 마음가는 대로 자연스럽게 행동합니다. 마음과 행동이 도道로 일치되어 자연스럽고 편안한 모습을 말합니다.

공자의 공부과정은 특별한 사람들만이 하는 것이 아닙니다. 공부의 일반적인 흐름으로 보아도 무방합니다. 그 흐름에서, 핵심은 끝까지 공부의 끈을 놓아서는 안 된다는 것이죠. 공부의 처음 마음을 잊지 않고 죽는 그날까지 정진하는 것이 공부하는 자세입니다. 그러자면 겸손해야 하고, 대기만성이라는 말을 염두에 두어야 합니다. 큰 공부 목표를 두

어야 큰 그릇이 됩니다. 큰 공부란 거창한 것이 아니에요. 역설적이게
도 큰 공부는 작은 데서 출발합니다. 공자는 가장 가까이 있는 사람과
의 소통을 공부의 출발로 삼았어요. 부부간의 소통, 부모와 자녀 간의
소통, 가족, 친구, 이웃, 직장 단계별 소통의 정도가 행복의 길이라고
본 것입니다.

> 무위無爲로 다스리고, 무사無事로 처리하고, 무미無味로 맛본다.
> 작은 것을 크게 하고, 적은 것을 많게 하고
> 원한을 덕으로 갚고
> 어려운 일을 쉬운 방법으로 풀고,
> 큰일을 사소한 일부터 처리한다.
> 세상의 어려운 일은 반드시 쉬운 데서 일어나고,
> 세상의 큰일은 반드시 사소한 데서부터 처리한다.
> 그러므로 성인은 결코 스스로를 위대하다고 생각하지 않으니
> 큰일을 이룩할 수가 있다.
> 무릇 쉽게 승낙하는 사람은 믿음이 부족하고,
> 쉽게 생각하면 반드시 많은 어려움에 부딪힌다.
> 그러므로 성인은 쉬운 일도 어렵게 여기니 결국은 어려움이 없게 된다.

노자의 『도덕경』 '63장'입니다.
노자는 현대인들과 정반대의 사고를 지니고 있습니다. 우리가 작다

우리가 쉽다고 생각하는 것이 실제로 어려움을 가져다주기도 합니다.
숨 쉬고, 먹고, 잠자는 것은 누구나 쉽게 생각합니다.
그러나 잘못된 의식주 생활습관으로 큰 병이 발생합니다.

고 생각하는 것은 실제로 큽니다. 예를 들어 볼까요? 세포는 작습니다. 그러나 세포 하나가 우리 몸을 지배합니다. 그 하나의 세포가 암세포로 돌변하면 결코 작은 것이 아니에요. 우리가 사소하다고 생각하는 것은 실제로 큰일입니다. 이웃에게 예의가 없다고 기분 나쁘게 말 한마디 던진 것이 화근이 되어 방화사건으로 발전했다면 그 말 한마디가 사소한 것이 아닙니다. 우리가 쉽다고 생각하는 것이 실제로 어려움을 가져다주기도 합니다. 숨 쉬고 먹고 잠자는 것은 누구나 쉽게 생각해요. 그러나 잘못된 의식주 생활습관으로 큰 병이 발생했다면 결코 쉽다고 생각할 문제가 아닙니다.

노자는 사람들이 세상을 자기 생각에 맞추려다 보니 부자연스럽고 억지스러운 일들이 벌어진다고 경고하고 있어요. 따라서 현재 자기가 생각하는 것과는 정반대로 사고의 방향을 전환해볼 것을 권합니다. 생각이 유연해야 현상을 제대로 볼 수 있습니다. 그래서 노자 역시 '겸손'을 가장 소중한 가치로 여깁니다. 겸손하지 않으면 자기 생각을 버리지 못한다는 것을 잘 알고 있기 때문입니다. "성인은 결코 스스로를 위대하다고 생각하지 않으니 큰일을 이룩할 수가 있다."는 것은 겸손을 강조한 말입니다.

배움에 있어서 겸손은 아무리 강조해도 지나침이 없습니다. 겸손은 '비움'입니다. 비운만큼 채워져요. 그것이 배움으로 행복을 얻게 되는 이치입니다. 사람은 배울 수 있어 행복합니다. 무엇보다도 '나'를 배울 수 있어 더욱 행복합니다. 기존의 배움은 생존을 위한 배움에 너무 치우쳐 있었어요. 그래서 사람을 지치게 합니다. 그 속에서는 겸손의 미덕을 배울 여유가 없습니다. 생존을 위한 도구적인 공부는 시간이 지나고 나면 공허해집니다. 비우고 채우는 자기변화의 공부가 아니기 때문이죠. 엄밀히 말하면 생존의 공부는 남에게 보이기 위한 공부입니다. 미래에는 생존을 위한 수동적인 공부만으로는 한계가 있습니다.

스스로 행복하지 못한 사람은 다른 사람을 행복하게 해줄 수 없습니다. 미래의 경쟁력은 자기변화를 통한 자신의 진정한 행복을 아는 것이에요. 입시에서도, 기업체에서도, 사회에서도 스스로 행복한 사람을 원합니다. 자녀들에게 자족하는 배움의 기회를 만들어 주어야 합니다. 그 출발은 자기 자신을 들여다보는 '겸손함'을 가르치는 것입니다.

3

C H A P T E R

사람의 느낌을 살리는 '진로' 이야기

사람은 모든 길을 갈 수는 없다. 성공은 한 분야에서 얻어야 하며, 직업은 오직 하나의 인생 목표로 삼아야 하며, 다른 모든 것은 이것에 종속되어야 한다. 나는 일을 어중간하게 하는 것을 싫어한다. 그것이 옳으면 대담하게 하여라. 그것이 그르면 하지 말고 버려라. 이상을 가지고 산다는 것은 성공적인 삶이다. 사람을 강하게 만드는 것은 사람이 하는 일이 아니라, 하고자 노력하는 것이다.

┃ 어니스트 헤밍웨이 ┃

01

들숨보다 날숨이
더 편안하다

요즘 진로교육이 붐입니다. 각종 적성검사는 물론이고, 직업탐색까지 치밀하게 커리큘럼이 진행되고 있는 것을 볼 수 있습니다. 그 여파는 어린 초등학생에게까지 미치고 있습니다.

왜 진로교육이 유행하는가에 대한 원인은 두 가지 측면에서 바라볼 수 있습니다. 한 가지는 이제 먹고 살만해졌으니 맹목적으로 앞만 보고 달리지 말고, 내가 추구하는 삶의 가치를 찾자는 의미예요. 또 다른 측면에서 보면 점점 더 먹고 살기가 힘들어졌다는 신호입니다.

이러한 이율배반적인 원인의 밑바탕에는 불안심리가 깔려 있습니다. 과거에는 대학교 3,4학년이 되어서야 취업 등에 대해 고민했었습니다. 하지만 지금은 초등학생 때부터 미리 정해서 체계적으로 준비하지 않으면 생존의 기회가 줄어들지도 모른다고 생각합니다. 이유야 어찌되었든 청소년기의 진로교육은 삶의 방향을 잡아주는 중요한 공부임에는 틀림없습니다.

시대를 막론하고 교육은 진로와 동행합니다. 교육과 먹고사는 것은 서로 별개가 아니기 때문이지요. 이 둘 사이가 가까울수록 교육 주체들의 에너지 효율성은 극대화되고 행복지수는 높아집니다. 반면에 이 둘 사이의 괴리가 클수록 에너지가 낭비되고 스트레스는 높아집니다. 인간은 삶의 풍요와 인간답게 사는데서 행복을 느끼기 때문입니다.

그렇다면 우리 교육은 행복지수를 높이는 방향으로 가고 있는가?

현재의 교육이 자녀들의 진로와 무슨 상관이 있을까. 학력? 전공? 꿈? 과연 그 많은 학생 가운데 교육과 생계를 일치시키는 학생들은 얼마나 될까요? 기존의 교육은 생존적인 관점에서 보면 벼랑 끝에 와 있습니다. 교실에서 배우는 지식이 삶의 현장과 거리가 점점 더 멀어지고 있기 때문입니다. 생존적인 차원에서 우리 교육의 근본적인 틀을 돌아볼 때입니다.

교육의 목적은 시대상황에 따라 달라집니다. 그러나 교육의 목적을 한 개인의 꿈을 세우고 가꾸는 데 두어야 한다는 사실은 달라져서 안 됩니다. 꿈은 행복을 창조하는 에너지이기 때문이에요. 여기서 꿈은 직업을 통해서 이루고 싶은 자기만의 새로운 세계입니다. 꿈은 단순하게 보면 개인의 욕구를 충족하는 것처럼 보입니다. 하지만 조금만 더 깊이 생각해 보면 꿈은 현실의 결함을 보완하여, 조금 더 아름다운 세상을 만들어 보려는 인간의 본성이라는 걸 알 수 있습니다. 그래서 꿈은 이상理想입니다. 이상이 없는 개인이나 집단은 희망이 없어요. 따라서 교육은 이상을 설계하도록 돕는 꿈에 초점을 두어야 합니다.

지금 우리나라의 교육은 난항을 겪고 있습니다. 서로가 서로를 탓하기 바빠요. 그러나 곰곰이 생각해 보면 누구를 탓할 문제가 아닙니다. 꿈은 결국 개별 주체의 문제이기 때문이지요. 우리 교육의 구조적인 환경을 탓할 한가한 시간이 있다면, 자녀와 꿈을 이야기하는 것이 더 현실적입니다. 꿈은 세상과 사람을 진실로 사랑하지 않으면 잡히지 않습니다. 자녀들의 꿈을 살리기 위해서는 부모들의 의식전환이 선행되어야 합니다.

현실의 삶에 대한 가치는 이기적 사랑으로 치우쳐 있습니다. 꿈은 자신의 이기적 욕구를 채워주는 도구가 아니에요. 자녀들이 훌륭한 꿈을 키우기를 원한다면, 인간과 사회와 자연에 무엇으로 어떻게 사랑을 베풀 것인지 진지하게 고민해 보도록 도와주세요. 주고자 하는 대상을 사랑하는 마음이 열리면 역량에 맞는 구체적인 역할은 스스로 찾게 됩니다.

요즘 진로교육은 자녀들에게 대상을 사랑하는 법은 가르치지 않고 피상적인 역할을 구분해 주는 교육에 머무르고 있습니다. 이것은 냉정하게 말하면 꿈이 빠진 직업교육에 초점을 두고 있는 것이에요. 자녀들에게 직업교육을 조기에 강요하고 있는 꼴입니다. 얼핏 보면 조기 직업교육이 생존전략에 더 유리할 듯 보이지만 결과적으로는 반대의 현상이 벌어집니다. 급변하는 불확실 시대에 지식과 기술의 숙달은 더 이상 능력이 아닙니다. 시시각각 변하는 직업과 적성은 꿈을 구체화하면서 스스로 창조해 나가는 것입니다. 이러한 관점에서 보면 진로교육 전문가의 규격화된 틀에 자녀들을 맞추려는 발상은 꿈의 싹을 자르는 격입니다. 꿈은 틀에 얽매이지 않은 자유로운 영혼 속에서 자연스럽게 자랄 때 생명력이 있습니다.

> 배움은 날마다 쌓는 것이고
> 도道는 날마다 덜어지는 것이다.
> 덜고 또 덜어 내면, 무위無爲에 이르게 된다.
> 무위에 이르게 되면 못하는 일이 없다.
> 천하를 다스리는 데 마땅히 무위로 해야 하며
> 만약 유위有爲로 한다면
> 천하를 제대로 다스릴 수 없다.

노자의 『도덕경』 '48장'입니다.

노자는 삶을 두 갈래 길로 설명하고 있습니다. 그것은 '유위有爲'의 삶과 '무위無爲'의 삶입니다. 유위의 삶이란 날마다 쌓아가는 걸 말해요. 지식을 쌓고, 학력을 쌓고, 보이기 위한 직업을 쌓고, 돈과 권력과 명예를 쌓습니다. 무위의 삶이란 날마다 덜어내는 걸 말해요. 남을 의식하

쌓고, 쌓고
또 쌓고...

비우고 또 비우는 삶~

유위의 삶이란 날마다 쌓아가는 걸 말합니다.
지식을 쌓고, 보이기 위한 직업을 쌓고, 돈과 권력과 명예를 쌓습니다.
무위의 삶이란 날마다 덜어내는 걸 말합니다.

는 지식을 덜어내고, 남을 의식하는 졸업장을 덜어내고, 남을 의식하는 직업을 덜어내고, 남을 의식하는 돈과 권력과 명예를 덜어냅니다. 유위의 삶이 어쩔 수 없이 가는 길이라면, 무위의 삶은 자연스럽게 가는 길입니다.

엄밀하게 말하면 유위의 삶은 남의 길을 가는 인생입니다. 남의 인생을 대신 살아가는 사람은 포장을 잘 해야 합니다. 그래야 밖에서 보면 그럴 듯하게 보여요. 그러나 본인 스스로는 부자연스럽다는 것을 잘 압니다. 부자연스러움은 불행으로 직결됩니다. 보여주기 위해서 기를 쓰고 남의 인생을 살기 때문이지요.

노자는 도道는 누구나 갈 수 있고 마땅히 가야 할 편안하고 자연스러운 길인데도, 유독 사람들은 그 길을 거슬러 반대방향으로 가려고 하는 것을 안타깝게 여깁니다.

부모들이 살아온 길을 돌아보세요. 진정한 자신만의 길을 걸어왔는지, 아니면 밀리고 밀려서 여기까지 오게 되었는지……. 설령 부모라 할지라도 자녀들이 행복할 권리를 빼앗을 수는 없어요. 어릴 때부터 세뇌하는 소유 의식과 살인적인 경쟁교육은 자녀를 위하는 척하지만, 실상은 부모의 무지無智이거나 고도의 책임회피 전략이에요. 무지이건 책임회피이건 자녀들에게서 행복한 인생을 설계할 기회를 빼앗고 만 것입니다.

무엇이든 때가 있는 법입니다. 초·중·고등학교 시절은 한 인간으로서 '자기'를 인식하는 토대를 만드는 시기예요. 이때 '자기'를 어느 방향으로 어떻게 그리느냐에 따라서 인생의 행불행이 갈라집니다. 부모가 요구하는 대로 꿈을 순순히 따라 그리는 자녀, 성적이 좋아 사회에서 그려준 달콤한 꿈에 취해 있는 자녀, 부모와 세상을 탓하며 반항하는 꿈을 그리는 자녀, 이들은 분명 행복한 꿈을 그리고 있는 것이 아닙니다.

인간에게 꿈은 '에너지'입니다. 그 에너지는 사람과 사람이 통하고, 사람과 하늘이 통하고, 사람과 땅이 통합니다. 여기서 통한다는 것은 주고받는 에너지의 순환을 말해요. 꿈의 에너지는 주려는 마음에서 생깁니다. 자녀에게 꿈을 이야기할 때 사람들에게 무엇을 주고 싶은지 물어보고 그것의 타당성을 검토해 주세요. 우리 사회에 무엇을 주고 싶은지 물어보고, 그것의 실현 가능성을 토론해 주세요. 인류에게 무엇을 주고 싶은지 물어보고, 그것의 가치를 이야기해 주세요. 자연과 우주에 무엇을 주고 싶은지 물어보고, 그것의 의미를 논해 주세요.

주면 돌아옵니다. 빼앗으려 하면 도망갑니다. 꿈도 마찬가지예요. 작은 욕구를 채우려 집착하지 말고 크게 멀리 보고 주는 연습을 시켜 보세요.

02

시계수리공은
더 이상 늘지 않는다

먹고살기가 쉽지 않은 세상입니다. 미래에는 더욱더 어려워진다는 이야기가 솔솔 나와요. 이런 이야기를 들으면 부모는 자녀들 걱정이 앞서죠. 교육에 대한 투자도 결국은 먹고살기 위한 것입니다. 그래도 과거에는 공부만 잘하면 먹고사는 데 별 문제가 없었어요. 소위 고시든 전문직이든 실력이 있어서 시험에 합격하면 앞길이 보장되었습니다. 그런데 지금은 그럴 형편이 아니에요. 실력의 문제가 아니라, 일자리에 대한 사회의 구조적인 문제가 도래하기 시작한 것입니다. 어느 길을 선택해도 미래에 대한 보장이 없는 시대가 되었어요. 과거보다 노력을 하지 않는 것도 아닌데 왜 살기는 더 어려워지는 것일까요?

우리는 이런 생각을 하며 위안을 하기도 합니다. '그래도 틈새시장이라는 것이 있는데 열심히 살다 보면 길이 열리겠지. 다른 사람은 몰라도 우리 자녀는 살길이 생기겠지⋯⋯.'

하지만 실상은 그렇지 않습니다. 대충대충 넘길 문제가 아닙니다. 이러한 막연한 기대로 인한, 안이한 생각이 문제를 더욱 키웁니다. 자녀들에게 장밋빛 인생만을 논할 단계가 아니에요. 알다시피 과거는 모든 것이 단순한 구조였습니다. 문제가 발생해도 그 원인이 금방 드러났어요. 그런데 지금은 상황이 달라졌습니다. 복잡해도 너무 복잡해졌어요. 왜 단순에서 복잡으로 이동하는 걸까요? 그것은 먹고사는 사고방식의 다양화에서 비롯된 것입니다. 일과 직업은 수요와 공급법칙에 따릅니다. 수요가 있기에 공급이 존재하며, 반대로 공급을 하면 수요가 창출되기도 합니다. 단순함에서 먹고살기가 어려워지면 먹고살 만한 다른 틈을 찾기 마련이에요. 그 틈이 많아지면 많아질수록 사회는 복잡구조로 이동합니다.

환자의 입장에서 보면 병원이 복잡해졌습니다. 병원에 가면 옛날에 비해 진료과목도, 병명도, 치료법도 복잡해졌어요. 직업의 관점에서 보면 그 세부 영역별로 먹고사는 길이 열린 것입니다. 법률조항도 더욱 복잡해지는 쪽으로 이동했어요. 교육시장도 마찬가지입니다. 그만큼 먹고사는 길이 다양하게 늘어나고 있는 것입니다. 먹고살기 위해서는 불필요한 일도 만들어내는 세상입니다. 그 끝은 어디일지 아무도 모릅니다.

잔꾀의 악순환의 고리를 알기에 노자는 총명함보다는
차라리 어리석음이 더 낫다고 표현합니다.
잔꾀와 거짓은 사용하면 사용할수록 더욱 세련되게 성장합니다.

옛날에 도道를 잘 실천하는 사람은

사람들을 총명하게 하기보다는 어리석게 만들었다.

사람들을 다스리기 어려운 것은

사람들이 잔꾀와 거짓이 많기 때문이다.

그러므로 잔꾀와 거짓으로 나라를 다스리는 것은 나라의 적賊이며,

잔꾀와 거짓으로 나라를 다스리지 않는 것이 나라의 복福이다.

이 두 가지를 아는 것이 또한 법도이니

언제나 이 법도를 아는 것을 현덕玄德이라고 한다.

현덕은 깊고도 아득하여 만물과 함께 자연으로 되돌아간다.

그런 다음에 완전히 자연을 따르고 도와 하나가 되는 것이다.

노자의 『도덕경』 '65장'입니다.

노자는 사람들이 총명해지면 사회가 복잡해진다고 합니다. 그 총명함은 잔꾀와 거짓으로 진화 발전하는 속성이 있기 때문이죠. 사람들이 잔꾀와 거짓을 부리기 시작하면 누구도 막을 수가 없어요. 그 잔꾀와 거짓에 당하지 않기 위해서는 더 큰 잔꾀와 거짓이 필요해집니다. 그 잔꾀의 악순환의 고리를 알기에 노자는 총명함보다는 차라리 어리석음이 더 낫다고 표현한 것입니다. 잔꾀와 거짓은 사용하면 사용할수록 더욱 세련되게 성장합니다. 그 속성을 잘 알고 다스리는 것이 '법도'이며 '현덕'입니다.

현덕은 근본 이치를 품고 만물과 함께 본래의 모습인 자연으로 되돌

아가는 것입니다. 자연의 세계에서는 잔꾀와 거짓이 필요가 없습니다. 현덕의 다스림은 그래도 과거의 잔재가 남아 있을 수 있으니 완전한 자연의 세계를 배우고 익혀, 하나 되게 하는 것입니다. 잔꾀와 거짓이 발붙이지 못하도록 뿌리를 뽑는 것입니다.

노자는 잔꾀와 거짓이 없는 세상을 꿈꾸었습니다. 이것은 노자만의 꿈은 아닐 것입니다. 사람은 본래 누구나 잔꾀와 거짓을 싫어합니다. 그러나 개인의 사사로운 욕망이 발동하여 자연의 순리를 벗어나기 시작하면 총명함이라는 이름으로 잔꾀와 거짓을 가르치고 배우게 됩니다. 그 수가 늘어나면 늘어날수록 난세는 가속도가 붙어요. 현실은 누가 보아도 난세입니다. 난세란, 사회구조가 극도로 복잡하여 그 문제의 원인과 대안을 어느 한 곳에서도 찾을 수 없는 단계를 말합니다. 난세의 시대는 잔꾀와 거짓이 판을 칩니다. 서로가 서로를 속고 속이는 악순환 속에서 먹고삽니다. 난세라는 이름을 빌려 잔꾀와 거짓을 가르치고 배워도 정당화됩니다.

그러나 난세도 세월을 이기지는 못합니다. 난세도 수명이 있다는 이야기예요. 태풍은 아무리 거세도 시간이 지나면 사라집니다. 그와 마찬가지로 난세의 시대도 언젠가는 끝날 것임을 알고 미래를 준비하는 자가 지혜로운 사람입니다. 잔꾀와 거짓은 폭풍처럼 일시적으로 통했다가 사라지는 기술에 불과합니다. 자녀들에게 잔꾀와 거짓을 가르치는 것은 마치 유행 지난 옷을 사주고 기뻐하는 것과 같습니다. 지혜로운 부모는 자녀에게 본래의 모습을 가르칩니다. 난세가 지나가면 다시 제자리로 되돌아가는 것이 자연의 순리이기 때문입니다.

본래의 모습은 근본 이치입니다. 근본 이치는 늘 그 자리를 지켜요. 주인은 자기 집을 떠나지 않습니다. 자녀들에게 직업을 논할 때 잔꾀와 거짓을 이야기하는 것은 진로 방해일 뿐입니다. 급할수록 순리를 가르쳐주는 혜안이 필요합니다.

직업은 단순히 먹고사는 것의 문제로 그치지 않습니다. 그 사람의 가치뿐만이 아니라 그 사회의 가치를 담고 있기 때문이지요. 서로가 서로를 속고 속이는 직업은 개인과 사회의 가치를 떨어뜨려요. 서로가 서로를 살리는 직업은 개인과 사회의 가치를 높여줍니다. 서로 살리는 직업을 선택하기 위해서는 3단계 가치판단의 기준을 알고 적용해야 합니다.

1단계는 '기호 가치판단'이에요. 이것은 '좋다, 싫다'의 판단입니다. 내가 선택하고 싶은 일은 우선 좋아해야 합니다. 싫은 것은 오래 가지 못합니다. 내가 싫어하면서 하는 일은 상대방에게 싫은 기운을 주게 됩니다.

2단계는 '비교 가치판단'이에요. 이것은 '낫다, 못하다'를 비교 검토하는 판단입니다. 일과 직업은 내가 좋다고 하더라도 그에 걸맞은 역량이 있어야 해요. 주고받는 것은 마음만 있다고 성사되지 않습니다. 줄것과 받을 것이 명료하게 갖추어져야 일이 순조롭게 성사됩니다. 내가선택하는 일과 직업이, 내가 줄 수 있는 조건과 역량이 되는지를 다른사람들과 비교 검토하는 단계입니다. 비교해서 나보다 월등한 사람들이상대적으로 많으면 다른 길을 찾는 것이 더 지혜로운 방법입니다.

3단계는 '정의 가치판단'이에요. 이것은 '옳다, 그르다'를 검토하는 가치판단의 최상위단계예요. 내가 선택한 일과 직업이 내게 좋고, 빈 곳을 채워 줄 수 있는 역량이 충분하다면, 마지막으로 그것이 모두에게 유익한 일인지 검토해야 합니다. 거래 당사자들끼리만 만족하는 판단은 자칫 사회 전체에 피해를 끼칠 수도 있기 때문이에요. 정의 가치판단은 나와 너와 우리까지를 고려하는 판단이기에 근본 이치를 알아야 그릇된 판단을 내리지 않습니다. 개인의 기준만으로는 전체를 들여다볼 수 없기 때문입니다. 그래서 성인들은 어느 하나의 가치에 매이는 것을 경계한 것입니다.

석가모니가 말하였다.
"법은 본래 유와 무가 없고, 자와 타도 또한 그러하다.
시작되는 것도 아니고, 끝나는 것도 아니며
이루어지거나 무너짐에도 곧 머물지 않는다."

석가의 『금강삼매경』에 나오는 이야기입니다.

석가모니는 모두를 살리는 근본 이치는 유와 무가 없으며, 내 것과 남의 것도 구분이 없다고 말합니다. 또한 근본 이치는 시작되는 것도 아니고 끝나는 것도 아니니, 이루어지거나 무너짐에도 머물지 않는다고 합니다. 근본 이치는 서로를 살리기 위해서 순환할 뿐입니다. 어느 한 곳에 머물게 되면 치우침 현상이 나타나게 됩니다. 치우치면 막히게 되고, 막히면 무지의 세계에 빠져들어요. 그것이 고통의 세계입니다.

자녀들이 일과 직업을 건강하게 선택하기 위해서는 이와 같은 공부를 체계적으로 거쳐야 해요. 나를 알고 너를 알고 세계를 알아야 내 자리를 찾을 수 있습니다. 이러한 노력을 게을리할 때 난세는 찾아옵니다. 단순한 잔재주를 가르치고 배우는 것은 난세를 불러들이는 격이라할 수 있습니다.

실용지식이란 잔재주를 의미하는 것이 아닙니다. 근본 이치를 알아야 구체적인 역할을 찾을 수 있어요. 초·중·고등학교에서 진로·진학교육을 가르치기 이전에 먼저 근본 이치를 가르치고 배워야 합니다. 각종 진로·적성검사와 미래 직업군에 대한 분석은 그 다음의 문제예요. 삶의 방식에 대한 기본부터 다시 가르쳐야 합니다. 먹고, 입고, 자고, 놀고, 배우는 것 이것들의 이치를 알도록 도와야 해요. 그 속에 일과 직업의 근본정신이 들어있기 때문입니다.

사람은 태어나서 죽을 때까지 위의 다섯 가지를 반복하며 살아갑니다. 그것의 근본을 알면 나에게 맞는 일과 직업이 보입니다. 정치와 경제는 의식주를 원활하게 충족하도록 돕는 일입니다. 법과 의술은 기본 생활에 이상이 생겼을 때 막힌 부분을 뚫어주는 역할을 합니다.

직업은 변화가 생명입니다. 직업은 있다가도 없어지고, 또다시 새로운 모습으로 탄생하기도 합니다. 그런 변화하는 직업을 잡으려 하지 말고, 그런 변화를 주도하는 근본 이치를 잡아야 흔들리지 않습니다. 잘 먹고 잘살기 위해서는 시작과 끝을 바라보는 교육이 필요합니다.

우리 몸에는 백 개의 뼈마디, 아홉 개의 구멍, 여섯 개의 내장이 있다.

이 가운데 어떤 것을 특별히 더 좋아하는 걸까?

당신은 모든 것을 다 좋아할까?

아니면 그 가운데 어떤 것을 특별히 더 좋아할까?

그러면 좋아하는 것만 좋아하고 좋아하지 않는 것은 머슴 정도일까?

머슴이라면 다스릴 수 없는 걸까?

아니면 주인이 되었다가 머슴이 되었다 하는 걸까?

그러나 진짜 주인은 따로 있다.

알든 모르든 진짜 주인에게는 아무런 변화가 없다.

『장자』 '제물론'에 나오는 이야기입니다.

사람의 몸은 소우주로 표현하기도 합니다. 몸은 작은 듯 보이지만 그 속을 자세히 들여다보면 크고 넓어서 없는 것이 없으며, 모든 이치의 시작과 끝을 알 수 있는 대상입니다. 생명활동은 운동, 변화, 창조를 반복합니다. 몸은 생명활동의 시작과 끝을 그려내는 작품이에요. 그런데 그 몸은 누가 주인일까요? 마음일까, 머리일까, 손과 발일까, 아니면 눈과 귀일까. 수많은 세포와 기관들은 누구의 명령에 의해서 일사분란하게 움직이는 걸까요. 장자는 진짜 주인은 있다가 곧 없어지고 마는 세포와 기관이 아니라, 변함없이 그 몸의 변화를 주도하는 근본 이치임을 암시적으로 말합니다.

먹고사는 문제는 급하고도 중요한 문제입니다. 모든 것의 1순위에요. 따라서 그만큼 신중하게 고민해야 합니다. 모두가 머리를 맞대고 대안을 찾아 나서야 해요. 우리 자녀들은 교실에서 먹고사는 문제를 준비하느라 많은 시간을 투자하고 있어요. 그런데 교실에서 배우는 공부만으로는 미래의 먹고사는 문제를 해결할 수가 없습니다. 시작도 끝도 알 수 없는 공부를 하고 있기 때문이에요. 장자의 이야기를 비유하자면 백 개의 뼈마디 하나하나가 주인이고, 아홉 개의 구멍 하나하나가 주인이며, 여섯 개의 내장 하나하나가 모두 주인이라는 식의 공부를 하고 있는 것입니다. 그것들을 움직이는 전체의 중심 질서를 알아야 주인이 됩니다.

자녀들에게 어릴 때부터 기계의 부속품이 되라고 강요하는 것은 희망의 날개를 꺾는 행위입니다. 난세일수록 기회가 찾아오는 법이에요. 문명은 돌고 또 돕니다. 우리 자녀들이 다가오는 미래에는 새로운 문명을 만들어가도록 되돌아감의 이치를 일깨워줘야 합니다.

03

철새가 떠나는 것은
도피가 아니라 희망이다

　자녀들에게 이다음에 크면 무엇을 하고 싶은지 물으면 연예인, 스포츠선수, 아나운서, 호텔리어, 패션디자이너 등 거침없이 말합니다. 역시 청소년기는 생기발랄하고 미래로 뻗어나가는 기운이 느껴져서 좋을 때예요. 부모들은 자녀들의 꿈 이야기를 들으면 격세지감을 느끼죠. 과거에는 대통령, 외교관, 변호사, 의사, 과학자, 교수 등 중후하고 권위적인 꿈을 이야기했습니다. 꿈은 시대의 가치를 반영하는 것으로, 요즘은 개인의 가치가 더 중요해졌습니다. 공공적 가치를 꿈꾸는 것보다 개인적 가치에서 꿈을 찾는 추세로 전환하고 있어요. 공공적 가치든 개인적 가치든 꿈은 꿈입니다. 그 꿈을 이루는 사람이 있는가 하면, 꿈으로 그치는 사람도 있어요. 자녀의 꿈에 대하여 부모는 무엇을 어디까지 관여하고, 얼마만큼 도와주어야 하는지 헷갈릴 때가 많습니다.

꿈은 손에 잡히지 않은 미래의 세계입니다. 사실 인생 경험이 많은 부모들도 미래에 대한 예측과 설계를 하면서 살기란 쉽지 않아요. 하물며 청소년들은 과중한 학습과 진학에 대한 부담만으로도 벅찬 현실입니다. 그들에게 미래의 인생설계도를 요구하는 것은 그 자체가 무리일 가능성이 큽니다. 또한 부모들이 말하는 꿈과 자녀들이 말하는 꿈은 서로 초점이 다를 수밖에 없어요. 사람은 누구나 현재 자신의 위치와 역량의 관점에서 세상을 바라보고 가치를 선택하며 그것을 요구하기 때문입니다. 자녀들은 자기가 살아온 경험과 인식의 범위에서 미래의 소망을 그려나갑니다. 부모 역시 자기가 살아온 경험과 인식의 범위 안에서 자녀에게 미래의 가치를 요구합니다. 부모와 자녀가 만나야 하는 이유가 바로 여기에 있어요. 서로의 관점이 다르기 때문에 도움을 주고받을 수 있는 것입니다.

꿈은 서로의 입장을 '감싸기보다는 깨는 것'이 더 큰 의미가 있습니다. 여기서 꿈을 깬다는 것은 고정관념과 통념 그리고 막연한 환상 등 관념의 세계를 다시 들여다보라는 말이에요. 꿈은 깨고 보아야 그 실체가 제대로 보입니다. 포장된 꿈은 생명력이 약해요. 꿈은 깨질수록 단단해집니다. 우리는 한치 앞을 예측하기 어려운 시대에 살고 있습니다. 그러하기에 더욱 단단하게 무장하지 않으면 공든 탑도 무너질 수 있는

위기의 시대입니다. 막연한 상상의 그림이 현실로 이루어질 것이라고 기대하는 것은, 로또에 당첨되기를 바라는 마음이나 다름없어요. 시간이 흐르면 어떻게 될 것이라는 기대는 환상일 뿐입니다.

자녀는 현실을 들여다보는 힘이 약합니다. 그 약한 경험에서 비롯된 꿈은 허술할 수밖에 없어요. 그 허술한 틈을 채워나가는 것, 그것이 진정한 진로공부입니다. 그런데 요즘 우리의 학교 풍토는 자녀들에게 진정한 꿈을 설계하도록 도와주는 공부구조가 아니에요. 도리어 자녀들에게 사회통념의 꿈을 주입시키거나 환상을 키워주는 경향이 더 큽니다. 그것은 자녀들을 돕는 것이 아니라 그들의 영혼에 게으름의 병을 줄 뿐입니다.

한 나라에 있어서 교육이 나쁘고 수치스런 교육이란 증거로, 천민들과 기능공들뿐만 아니라 자유민답게 교육받은 체하는 사람들조차, 뛰어난 의사들과 법률가들을 필요로 하는 사실보다 더 좋은 증거는 없을 것이네. 그러나 그것보다 더 창피스런 일은, 어떤 사람이 자기의 생애의 대부분을 법정에서 피고나 원고로 보내고, 그러한 일에 도취되어 스스로를 뽐내게 되는 것이 아닐까?
말하자면 자신이 부정의 한 짓을 하는데 있어서 아주 능숙하고 온갖 간계를 다 부리고 또한 빠져 나갈 수 있어서 벌 받을 일이 없다고 자랑하는 일 말일세.

214

플라톤의 〈국가〉 일부분입니다.

플라톤은 의사들과 법률가들이 인기가 있는 사회는 문제가 심각하다고 말합니다. 그런 사회는 교육이 제 기능을 다하지 못한 증거라는 것입니다. 우리 사회통념으로는 받아들이기 어려운 이야기예요. 지금은 많이 달라지기는 했지만 과거에는 인문계에서 공부 좀 한다 싶으면 법조계를 선망하고, 자연계에서는 의사를 선호했습니다. 이것이 우리 사회의 통념이었습니다.

플라톤은 통념이 가지고 있는 오류를 잘 살펴보라고 권합니다. 그는 교육은 사람마다 가지고 태어난 에너지를 극대화시키는 것이라고 합니다. 따라서 교육을 제대로 받은 사람이라면 자기 몸의 건강과 사회생활을 건강하게 이끌어 갈 수 있어야 한다는 것입니다. 그렇게 되면 자연히 의사나 법률가의 도움을 받지 않아도 됩니다. 플라톤이 보기에 전문가의 도움이 많이 필요한 사회구조일수록 교육의 문제가 심각하다고 합니다. 플라톤은 이러한 사회통념을 맹목적으로 따르는 것은 인식의 게으름이며, 자기 영혼을 속이는 행위라고 비판합니다. 자기 영혼을 속이는 행위는 겉으로 보기에 이익을 보는 것처럼 보여도 타고난 에너지를 극대화하지 못하기 때문에 결국은 불이익으로 돌아올 것이라고 합니다.

어느 고3 학생과의 대담 사례입니다.

"학생은 어떤 꿈을 가지고 있나요?"

"저는 생명공학자가 되어 불치병이나 난치병의 치료방법을 개발하는 것입니다."

"왜 그런 꿈을 가지게 되었는나요?"

"어렸을 때부터 생명현상에 대해 관심이 많았기 때문입니다."

"생명현상에 관심을 가지게 된 계기가 있나요?"

"애견을 키우면서 생명이 소중하다는 것을 느꼈습니다."

"아파트에서 애견을 키우는 것이 생명을 사랑하는 것인가요?"

"……."

"생명공학에서 다루는 여러 가지 기술들이 생명을 사랑하는 것인가요?"

"……."

"혹시 난치병은 인간이 과학기술문명에 지나치게 의존하여 발생할 수 있다고 생각하지는 않나요?"

"……."

"그렇다면 난치병 치료를 생명공학기술이 아닌 다른 방법으로 접근할 수 있는 길이 있다면 이야기해 보세요."

"……."

"학생이 원하는 대학에서, 원하는 전공을 마치고, 원하는 생명공학 연구소에서 근무를 한다면 무엇을 할 것인가요?"

"……."

"학생이 생명을 진정으로 사랑하고 또 많은 사람이 생명을 존중하며 살도록 하는 것이 꿈이라면, 생명공학자보다 다른 쪽 진로를 생각해 보는 것은 어떤가요?"

216

사회통념으로 보면 위 학생은 진로에 대하여 특별히 문제 삼을 것이 없습니다. 생명공학도가 되어 난치병 치료를 위해 열심히 살면 그만입니다. 그러나 위의 질문들처럼 '통념을 깨는 기준'으로 들여다보면 미숙한 구석이 많습니다. 생명공학도의 길이 학생의 처음 의도와는 달리 모든 생명을 살리는 길이 아닐 수도 있기 때문이에요. 문제 삼고 싶은 것은 이 학생이 아니라 관습적으로 받아들이고 있는 '사회통념의 진로관'입니다. 사회통념은 기존의 경험에 의해서 형성된 데이터일 뿐입니다.

꿈은 미래의 관점까지를 내다보며 설계해야 합니다. 학교는 자녀들의 꿈을 검증하고 도전하며 새롭게 재구성하도록 도와주는 곳입니다. 교사와 부모들이 꿈을 쉽게 생각하면 자녀들은 더 쉽게 설계하려 들어요. 그뿐만이 아니라 자녀들은 순수하고 미지의 세계를 갈망하는 욕구가 강하여 환상에 쉽게 젖어듭니다. 스타들처럼 임팩트가 강한 롤모델을 만나면 그 속에서 환상의 집을 지어요. 자녀의 꿈에 대해서 부모는 냉철해야 합니다. 자녀의 꿈을 살리기 위해서는 그 꿈을 깰 수 있는 다양한 방법을 연구하고 시도해야 합니다.

북쪽의 큰 바다에 곤이라는 물고기가 있다.

곤의 크기는 얼마나 큰지 등 길이가 몇 천리가 되는지 모른다.

그 물고기가 변하면 붕새가 된다.

붕새의 등 길이 또한 몇 천리가 되는지 알 수 없다.

있는 힘을 다해 붕새가 하늘로 솟구치면 날개는 마치 하늘을 드리운

구름처럼 된다.

이 새는 바닷물이 크게 일렁이면 그 바람을 타고 남쪽바다로 날아간다.

남쪽바다의 이름은 천지天池라고 한다.

그런데 매미와 작은 비둘기가 이것을 비웃어 말했다.

우리야 있는 힘을 다해 봤자 기껏 느릅나무나 박달나무 가지 위로 오를 수 있어.

어느 때는 거기도 오르지 못하고 땅에 떨어지기도 하지.

그런데 저 붕새란 놈은 왜 구만리 꼭대기까지 일부러 올라가 남쪽으로 가려는 거야?

가까운 들에 나가는 사람은 세 끼 밥만 챙겨 가지고 가도 배를 불릴 수 있다.

백 리 길을 가는 사람은 밤을 새워 방아를 찧고 그것으로 먹을 것을 마련해야 하고, 천 리 길을 가는 사람은 석 달 치 먹을 것을 마련해야 한다.

이 두 벌레들이 무얼 알겠는가?

『장자』 '소요유편'에 나오는 이야기입니다.

장자는 '생각의 크기'가 '삶의 크기'라고 말합니다. 곤은 원래 작은 물고기인데 장자는 크다고 생각합니다. 남들 눈에는 겨우 보일까 말까 할 정도밖에 되지 않는 작은 물고기를 등 길이가 몇천 리나 된다고 과장을 합니다. 이번에는 그 물고기가 변하면 붕새가 된다고 더 큰 비약을

생각의 크기는 삶의 크기입니다.
동일한 대상일지라도 꿈을 가진 존재로
변하게 되면 이야기는 달라집니다.

해요. 작은 물고기가 몇천 리만큼의 크기인 붕새가 된다면 누가 믿을까
요. 그 붕새가 힘차게 날갯짓을 하면 하늘을 덮을 기세며, 때가 되면 그
가 원하는 하늘 연못으로 날아갑니다. 매미와 작은 비둘기는 이것을 보
고 비웃습니다.

"우리는 있는 힘을 다해 보았자 박달나무 가지 위를 오를까 말까 하
는데 저 붕새란 놈은 왜 쓸데없이 구만 리까지 가는 거야."

여기서 곤은 우리들의 꿈일지도 모릅니다. 곤은 통념으로 보면 아주
보잘것없는 작은 물고기에 불과해요. 그러나 동일한 대상일지라도 꿈을
가진 존재로 변하게 되면 이야기는 달라집니다. 꿈은 주관적인 세계에
요. 꿈은 남들이 '크다, 작다'를 논할 수 있는 세계가 아닙니다. 내가 크
게 키우면 무한히 커집니다. 내가 생각을 변화시키지 않으면 꿈은 자라
지 않습니다. 꿈은 바람을 타고 내가 원하는 곳으로 자유롭게 이동합니
다. 바람은 내공입니다. 내공이 약하면 멀리 날 수가 없습니다.

우리 교육은 자녀들이 꿈의 날개를 펴는데 장애가 많습니다. 가장
큰 장애는 기성세대들의 진로관이에요. 과거와 현재의 직업관이 미래에
도 적용될 것으로 믿고 자녀들에게 세뇌하는 풍토는 사라져야 합니다.
꿈을 찾고 기르는 것은 결국 자녀들의 몫입니다. 부모의 역할은 장애요
소를 제거해 주는 데까지입니다. 교육이 사회적응의 기능을 하는 것은
맞지만 사회통념을 강요하는 것은 바람직하지 않습니다.

꿈은 사회통념이 가지고 있는 오류를 발견하는 데서 출발합니다. 부

모는 자녀가 사회통념에 대한 도전의식을 가질 수 있도록 자극을 주어야 해요. 또한 헝그리 정신을 기르도록 환경을 만들어 주어야 합니다. '쉽고, 빠르고, 편리하게'라는 정신 속에서는 새로운 꿈을 발굴하기 어렵습니다. 남들이 가지 않은 길을 과감하게 선택할 수 있는 분위기 조성이 절실합니다. 자녀가 세상에 대하여 걱정하는 눈빛이 보이면 희망이 있습니다. 세상에 대한 걱정, 이것이 꿈의 본질입니다.

자기 손자는
왕으로 보이는 법이다

당신은 어떤 사람이 가장 부러운가요?

'돈 많고 시간 넉넉한 사람, 명예와 권력을 가진 사람, 인기스타가
된 사람, 자기 하고 싶은 것 마음대로 하며 프리하게 사는 사람.'

사람마다 자기형편에 맞는 부러움의 대상이 있을 것입니다. 내가 이
미 갖춘 것은 부러움의 대상이 아니에요. 일반적으로 내가 갖추지 못한
것을 부러워합니다. 그러나 내가 부러워하는 것을 좇아가는 것은 행복의
길이 아닙니다. 그것은 대부분 내 길이 아니기 때문입니다. 자신이 추구
하는 내면의 가치가 확고하게 서 있는 사람은 다른 사람의 길을 탐내지

않습니다. 하루하루 순간순간의 삶이 다른 외부의 기대가치보다 더 만족스럽기 때문입니다. 가치는 그 사람을 움직이는 에너지원입니다.

공자가 말하였다.
"가난하면서 원망하지 않기는 어렵고
부자이면서 교만하지 않기는 쉽다."

공자의 『논어』 '헌문편'에 나오는 이야기입니다.

빈부의 문제는 옛날이나 지금이나 가치를 나누는 가장 손쉬운 기준으로 사용합니다. 사람은 누구나 가난을 좋아하지 않아요. 그러나 살다 보면 절대적이건 상대적이건 가난을 만날 수가 있어요. 자기가 가난하다는 가치판단을 내리면 자기 자신을 원망하든 자기를 둘러싼 주위환경을 원망하든 탓을 하기 쉽습니다. 그리고 스스로 부자라고 가치판단을 내린 사람은 대개 교만하기가 쉬워요. 공자는 가치판단은 상대적이라서 더 쉬운 것과 덜 쉬운 것이 있다고 말해요. 가난하면서 원망하지 않기도 어렵고, 부자이면서 교만하지 않기도 어렵습니다. 그러나 가치를 비교해 보면 가난하면서 원망하지 않는 것보다, 부자이면서 교만하지 않기가 더 쉽다는 얘기입니다.

가난은 사람을 위축시킵니다. 주고받는 대상이 점점 줄어들어요. 또한 여유가 없으니 안과 밖을 들여다볼 틈이 줄어듭니다. 틈이 하나하나 막히면 답답해요. 그 답답함을 폭로하는 통로가 원망으로 비칩니다. 부자는 안과 밖을 들여다볼 여유가 있어요. 그러다 보면 다른 사람들이 자기를 어떻게 평가할지 스스로 자신의 가치를 의식하게 됩니다. 그런 점에서 교만은 자기 통제력으로 제어할 수 있는 것입니다. 따라서 공자는 가난은 외부대상에 대한 의존도가 부자보다 더 크기 때문에 어려움도 더 크다고 한 것입니다.

그동안 우리는 '부자되기'를 학수고대하고 달렸습니다. 기존세대에게 가난에 대한 원망을 많이 들었던 것도 영향이 클 것입니다. 그러다 보니 개개인들만의 삶의 색깔을 존중하는 연습을 할 여력이 없었어요. 늘 바쁘고 잘사는 나라 따라가느라 물불을 가리지 않고 앞만 보고 달리기 바빴습니다. 그 땀방울들이 모여 짧은 기간에도 다른 나라가 부러워할 정도의 물질적인 성장을 이루었습니다.

여기에는 교육이 큰 역할을 수행했습니다. 서구선진국의 지식과 기술을 빨리 배우고 익히는 것이 교육의 사명처럼 여겨졌습니다. 이른바 집단적인 모방교육을 통하여 물질적인 욕망에 불을 지핀 것이죠. 물질적인 욕망은 불이 붙기 시작하면 다 태워야 끝이 납니다. 물질적인 성장과 함께 정신적인 내적성장도 병행되어야 균형을 잃지 않아요. 이 둘 간의 괴리는 물질가치와 정신가치의 충돌을 일으킵니다. 원래 이 두 가치는 동전의 앞과 뒤처럼 삶에서 떨어질 수 없는 관계예요. 이 둘이 분리되는 순간 가치는 왜곡의 길을 갈 수 있습니다.

대중들은 돈을 받고 개인적으로 가르치는 자들을 소피스트라고 부르며 자기들의 경쟁자로 여기고 있지만, 이들이 가르치는 것은 대중들의 의견에 지나지 않으며, 그들이 지혜라고 부르는 것 역시 대중들의 지혜에 지나지 않는다는 것일세.

그들의 경우에 거대하고 힘센 짐승을 기르는 것과 비교할 수 있을 것이네. 이들은 그 짐승의 기질을 잘 연구하여 가까이 갈 수 있는 방법이나 그 짐승이 언제 유순하고 언제 난폭한지를 잘 알 것이네. 그리고 언제 어떤 소리를 내며, 어떻게 반응해야 유순해지고 만족해하는지를 잘 알게 될 것이네. 오랜 접촉 후에 이 모든 것을 습득해 이것을 지혜라고 여기고, 하나의 기술로 종합하여 사람들에게 가르치게 될 것이네.

하지만 이러한 의지와 욕망 가운데 어느 것이 선하고 악한지 또 어느 것이 옳고 그른지 제대로 알지 못하고, 다만 짐승의 의사를 따라 짐승이 좋아하면 선이라 하고 짐승이 싫어하면 악이라 하며, 필요불가결한 것과 선의 본성이 얼마나 다른 것인지 관찰하거나 증명해 보일 수도 없네.

이런 이가 교육자라면, 제우스신에게 맹세코, 참으로 망측스런 교육자라고 말하지 않을 수 없네.

플라톤의 『국가』 일부분입니다.
플라톤은 궁극적인 정신가치를 빠뜨린 교육은 우리가 사는 사회를 약육강식의 법칙이 지배하는 곳으로 만들 것이라고 말합니다. 물질가치와 정신가치의 분리를 염려한 것이죠. 소피스트는 지식과 기술을 전수하는 전문가 집단입니다. 교육이 단순히 지식과 기술을 사고파는 구조라면 수요자인 대중이 원하는 것만을 제공해야만 합니다. 원하는 것, 즉 욕망을 들어주다 보면 욕망을 제어할 수 있는 기준을 잃게 돼요. 그래서 결국은 짐승의 의사에 따라 짐승이 좋아하면 선이라 하고, 짐승이 싫어하면 악이라 하는 상태에 도달하게 되는 것입니다. 인간에게 교육은 원하는 것의 제공이 아니라 올바른 길을 가도록 돕는 데 있습니다.

플라톤은 물질가치에 중독이 되면 균형을 잡아주는 영혼이 잠들게 되고, 그 결과 인간은 할 수 있으면 무엇이든지 해버리고 마는 사태를 낳는다고 경고합니다.

가치는 그 사람만의 고유색깔입니다. '물질가치'와 '정신가치'는 둘이 아니라 이 둘 사이에서 빚어낸 영혼의 색깔입니다. 동일한 직업을 가지고 있더라도 어떠한 가치를 가지고 역할을 수행하느냐에 따라서 색깔이 달라집니다.

동일한 중학교 과학교사가 있다고 가정해 봅시다. 한 교사는 '도전'이라는 가치를 가지고 있어요. 그는 과학이라는 도구를 통하여 다양한 도전을 시도합니다. 학생들에게도 과학을 도전의 대상으로 보고 쉼 없이 새롭고 어려운 문제에 도전하라고 가르칩니다. 그 과학교사는 도전하는 삶의 가치를 구현하고 있는 것이죠.

또 다른 교사는 '평화'라는 가치를 가지고 있어요. 그에게 과학은 평화를 위한 도구입니다. 그 교사는 스스로 평화주의자 역할을 찾아 나섭니다. 과학은 불안과 갈등과 전쟁의 상황을 평화적으로 해결하는 논리적인 방법을 익히는 훈련이라고 가르칠 것입니다. 그 과학교사는 평화를 구현하는 삶을 살고 있는 것입니다. 도전의 가치를 추구하는 과학교사, 평화의 가치를 추구하는 과학교사는 영혼이 살아있는 사람들입니다.

자녀들이 가치의 진정한 의미를 알고 영혼이 살아있는 진로를 설계하도록 도와야 합니다. 기존세대처럼 직업만을 강요하는 것은 물질가치만을 바라보게 합니다. 그 직업을 통해 하고 싶은 가치가 명확하게 서 있어야 합니다. 문제는 그 가치를 어떻게 찾을 것인가 하는 것입니다.

우선은 자기 자신이 생각하는 '결핍의 요소'를 찾아야 합니다. 가치의 속성은 결핍을 채우려는 욕구가 있습니다. 무엇에 예민하게 반응하는 것은 그것이 결핍되어 있다는 증거예요. 배가 고플 때는 음식에 예민해집니다. 배가 부르면 먹을 것을 보아도 둔해져요. 학벌 콤플렉스가 있는 사람은 늘 배움에 관하여 예민합니다. 누가 학벌을 물어볼까 불안해요. 혹시 무식하다는 소리를 들을까 조심스러워요. 섬에 사는 사람은 육지의 정보에 더 예민합니다. 섬에는 없는 것이 육지에는 더 많을 것이라는 결핍의식이 작동하기 때문이죠. 사람은 특히 성장과정에서 만나는 여러 가지 환경 속에서 무엇인가 채우지 못한 핸디캡이 있기 마련입니다. 그 핸디캡을 살펴보면 그 속에서 내가 추구하는 가치가 무엇인지를 발견하게 될 것입니다.

자신만의 가치를 찾는다는 것은 결코 쉬운 일은 아닙니다. 자신에 대한 깊은 성찰이 없으면 내 안의 진주가 보이지 않아요. 그 진주를 찾기 위해서는 항상 '왜'라는 질문을 던져야 합니다. 무엇을 하든지 '왜 하는 걸까?'를 묻고 따져야 해요. 그 '왜'라는 질문의 꼬리를 따라가다 보면 '아하, 나는 이런 가치를 추구하는 사람이구나!' 하고 나를 발견하게 될 것입니다.

몇 년 전에 만났던 고3학생의 이야기입니다.

"학생은 무엇에 관심이 있나요?"

"우리 전통문화재에 대하여 관심이 많습니다."

"왜 전통문화재에 관심을 가지게 되었지요?"

"저는 한복을 입고 한옥에 있을 때가 가장 행복했습니다."

조금은 특이하다는 생각이 들어서 그녀의 성장배경을 알고 싶었습니다. 그녀는 어렸을 때부터 부모의 잦은 싸움과 별거 등으로 사랑을 받지 못하고 자랐다고 합니다. 그녀가 한국적인 것을 좋아한 것은 그 안에서 엄마의 품처럼 따뜻한 정情을 느낄 수 있었기 때문입니다. 그녀가 추구했던 가치는 '정情'이었습니다.

'명예'와 '생명' 가운데 어느 쪽이 더 절실한가?

나의 '몸'과 '재산' 가운데 어느 쪽이 더 중요한가?

'얻음'과 '잃음' 가운데 어느 쪽이 더 해로운가?

228

그러므로 무엇이든 지나치게 좋아하면 그만큼 낭비가 크고,

너무 많이 쌓아 두면 그만큼 크게 잃게 된다.

만족할 줄 알면 부끄러움을 당하지 않고

그칠 줄을 알면 위태롭지 않으니

영원히 편안하게 살 수 있을 것이다.

노자의 『도덕경』 '44장'입니다.

노자는 이 글에서 가치선택의 기준을 제시해 주고 있습니다. 명예는 누구나 추구하는 가치입니다. 그러나 아무리 좋은 명예라 하더라도 생명과 바꿀 수는 없어요. 재산도 누구나 가지고 싶어 하는 가치입니다. 그러나 몸을 잃어버리면 그 재산도 의미가 없어요. 쌓아두면 그만큼 잃는 것도 많습니다. 만족할 줄 알면 부끄러움을 당하지 않고, 멈출 줄 알면 위험에 빠질 염려도 없어요. 노자는 '영혼을 지킬 수 있는 가치'를 발견하게 되면 영원히 편안한 삶을 살 수 있다고 말합니다.

가치는 '자기창조'입니다. 외적성장은 한계가 있어요. 물건 만드는 기술도 비슷하고 배우는 것도 비슷합니다. 문제는 그 대상에 어떤 가치를 부여할 것이냐입니다. 미래는 가치의 시대입니다. 스토리텔링이 가격을 결정하죠. 감성을 자극해야 마음이 움직여요. 따라서 예전처럼 자녀들에게 스펙을 쌓으라고 강요하는 것은 진부한 생각입니다. 지나치게 겉포장에 에너지를 쏟는 것은 낭비입니다.

이제는 가치가 경쟁력입니다. 하지만 가치는 강요에 의해서도, 남들과 경쟁을 통해서도 얻어지지 않습니다. '나'를 찾으려는 노력에 의해서만 얻을 수 있어요. 자기 자신과 치열한 싸움을 통해서 빛을 발할 수 있습니다. 가치는 자기를 아름답게 할 뿐만이 아니라 세상을 아름답게 가꾸는 에너지입니다. 가치는 인간본성을 살리는 긍정의 기운이기 때문입니다. 무한경쟁시대에서 살아남으려면 영혼을 살리는 나만의 가치를 찾도록 도전해야 합니다.

05

게임은
이겨야 신이 난다

　강연을 다니다 보면 다양한 일터를 방문하게 됩니다. 방문을 해보면 일터마다 첫 느낌이 있어요. 분위기가 좋은 곳이 있는가 하면 그렇지 못한 곳도 있어요. 분위기가 좋은 곳의 특징은 CEO와 그를 보좌하는 사람들의 호흡이 잘 맞습니다. 학교라면 교장과 교감선생님의 사이가 좋을수록 비교적 학교 전체의 분위기가 좋습니다. 그 비결은 서로가 서로의 위치에서 진심으로 존중해 주는 마음이 있기 때문입니다.

　두 번째 분위기가 좋은 사업장의 특징은 CEO가 교육에 참여한다는 점이에요. 학교도 마찬가지입니다. 학부모교육인데도 교장과 교감이 처음부터 마지막까지 함께 참여한 곳은 학교 분위기가 전체적으로 밝고 건강했습니다. 교장과 교감이 교육에 참여한다는 것은 정보를 얻으려는 것도, 감시를 하기 위한 것도 아니에요. 서로 살리기 위한 성실을 실천하는 것이라고 봅니다. 그들이 교육에 참여함으로써 강사는 더 성의껏 강의를 하게 하고, 학부모들은 교육받을 자세를 가다듬도록 독려할 수가 있는 것입니다. 개인과 조직이 건강한 문화 속에서 긍정의 에너지를 발휘하기 위해서는 각자의 위치에서 서로를 살리려는 상생정신이 더욱 필요한 시대입니다.

우리나라에서 교육은 곧 경쟁으로 통합니다. 서로가 서로를 이기기 위해서 공부합니다. 영유아 교육도 따지고 보면 경쟁에서 앞서기 위한 발판 마련이 목적인 경우가 많아요. 초등학교부터 차츰 상급학교로 올라갈수록 경쟁은 피할 수 없는 구조입니다. 지식과 기술을 기준으로 경쟁을 시켜 승자는 살아남지만, 패자는 낙오되는 시스템이에요. 승자와 패자를 가르는 경쟁은 차별의식을 낳습니다. 승자와 패자를 바라보는 사회 시선이 다르기 때문입니다. 같은 경쟁이라도 서로 살리는 교육으로 인식을 전환하여야 합니다. 경쟁은 다른 관점에서 보면 사회구성원들 간에 서로의 차이를 존중한다는 의미가 담겨 있습니다.

인간은 서로가 서로를 살리기 위하여 사회를 구성하였습니다. 혼자서 여러 가지를 하는 것보다는 각자가 잘하는 것을 특화하여 교환하며 사는 것이 더 효율적이라는 것을 깨달은 것입니다. 사회구성원들이 동

232

일한 직업과 일에 몰려 있으면 사회 전체적으로 보았을 때 큰 낭비예요. 이때 경쟁은 각자가 더 잘할 수 있는 것을 발견할 수 있도록 조율하는 역할을 하는 것입니다. 차이를 발견하는 것은 대단히 중요해요. 차이는 내가 줄 것이 무엇인지를 발견하고 개발하는 것을 말합니다. 그것은 자기 역할이자 정체성이며 생계의 수단입니다.

그래서 교육의 상당 부분은 나만이 가지고 있는 그 차이를 갈고 닦는 데 할애합니다. 경쟁은 차이를 발견하는 수단으로 활용하는 것이 맞습니다. 이러한 관점에서 보면 경쟁은 서로를 살리려는 자연본성으로 가르치고 배워야 합니다.

공자가 말하였다.

"군자君子는 다른 사람의 아름다움을 이루어 주지만

다른 사람의 추함을 이루어 주지는 않는다.

그러나 소인은 이와 반대로 한다."

공자의 『논어』 '안연편'에 나오는 이야기입니다.

공자는 사람과 사람이 만나서 무엇을 어떻게 주고받느냐에 따라서 아름다운 모습을 만들어 갈 수도 있고 추한 모습을 만들어 갈 수도 있다고 합니다. 사람과 사람 사이에서 아름다움이란 서로가 서로를 살려주려는 모습이에요. 각자의 차이를 존중하고 서로의 빈 곳을 채우려는 사람은 아름다운 사람입니다. 이런 사람은 삶의 가치와 존재 이유를 알고 있는 자입니다.

반면에 서로가 서로를 경쟁자로 보고 시기와 질투와 싸움으로 서로를 죽이려는 행위는 추한 모습입니다. 이런 사람은 삶에서 아름다움과 추함이 어떤 의미가 있는지 그것이 행복과 불행에 어떻게 연관되어 있는지, 인생을 크게 보면 그 길이 무엇을 의미하는지 등에 대하여 무관심합니다. 관심이 있다고 하더라도 우선은 살고 보자는 식으로 지나칩니다.

우리는 하루에도 수많은 사람들과 무엇인가를 주고받습니다. 마음의 싹을 다른 사람을 살리는데 둘 것인가, 죽이는데 둘 것인가 이 작은 차이가 내 운명을 바꿉니다.

우리 사회의 환경은 아직까지 차별이 우세합니다. 학력에 대한 차별의식, 직업에 대한 차별의식, 빈부에 대한 차별의식, 지역에 대한 차별의식, 성별에 대한 차별의식 등은 아직도 우리 의식에 뿌리박혀 있는 것들입니다. 이것들을 없애지 않으면 불행의 악순환에서 벗어나기가 어렵습니다. 차별의식은 불행의 씨앗입니다. 사람을 비교하는 눈으로 보기 시작하면 사람으로 보이지 않아요. 사람이 사람인 것은 서로 부족하기 때문입니다. 그 부족함을 긍정적인 시선으로 바라보면서 서로 채워 나가는 것 자체가 삶이요, 행복입니다.

하지만 비교하는 시선으로 바라보면 부족함이 불만으로 보입니다. 사람을 이용의 도구로 보기 때문이에요. 도구는 그 속성상 더 낮고 더 좋은 것을 기준으로 삼게 됩니다. 그러니 보면 볼수록 늘 불만의 요소만 커 보일 뿐입니다. 눈을 부릅뜨고 서로가 서로의 불만거리를 찾는 환경에서는 행복은 나타나지 않습니다. 도리어 사람과 사람 사이에 거리가 생기고 벽을 만듭니다. 이것이 차별이 가는 길입니다. 부모는 자녀들에게 차별만큼은 대물림해서는 안 됩니다.

병법에 이런 말이 있다.

나는 싸움을 거는 사람이 되지 말고,

걸어오는 싸움을 마지못해 막는 사람이 되라.

한 치라고 공격해 나가지 말고 차라리 한 자를 후퇴하라.

이것이 안 나가는 듯하면서 나가고

안 보이는 팔을 흔들고

없는 적을 꺾어 누르고

안 보이는 무기를 든다고 하는 것이다.

적敵을 깔보는 것만큼 큰 재앙은 없다.

적을 깔보면 내 편의 보물을 다 잃게 될 것이다.

그러므로 무기를 들고 맞서 싸울 때에는

전쟁을 슬프게 여기는 자가 이기게 된다.

노자의 『도덕경』 '69장'입니다.

노자는 소모적인 싸움을 가장 싫어한 사람입니다. 사람으로 태어나서 에너지를 전쟁으로 탕진하는 것만큼 어리석은 것은 없습니다. 전쟁은 사람을 죽이는 행위예요. 사람이 사람을 죽였으면 슬퍼하는 것은 당연합니다. 노자는 전쟁에서 이겼다고 좋아하는 사람은 인생이라는 전쟁에서는 패자라고 판정합니다. 그것은 전쟁에서 얻은 것 이상으로 내 인생의 보물을 잃게 된다는 사실을 모르기 때문입니다. 인생에서 가장 큰 적은 밖에 있는 것이 아닙니다. 내 안에 있습니다. 그것은 '남을 죽이려는 마음씨'입니다. 내 안의 적을 깔보는 사람은 큰 재앙을 입게 됩니다. 전쟁은 반드시 보복이 뒤따르기 마련이에요. 그래서 노자는 싸움을 거는 사람이 되지 말라고 경고합니다.

우리 교실은 전쟁터라고 해도 과언이 아닙니다. 교육현장에서 전쟁 용어가 아무렇지 않게 사용되고 있어요. '지피지기면 백전백승', '학습전략', '100일 작전', '3당 4락' 등 전시 상황을 방불케 합니다. 문제는 이 전쟁을 누가 시작했는지 언제 끝날지도 모른 채 그냥 하고 있다는 것이에요. 전쟁의 최대 피해자는 자녀들입니다. 아무 영문도 모르고 끌려와 총 들고 싸우라는 격입니다. 조금만 힘내서 싸워 이기면 장밋빛 세계가 있다고 거짓을 하지만 자녀들은 이미 지치고 지쳐서 그 말도 잘 듣지 않습니다. 보이지 않지만 자세히 보면 총을 던지고 이탈하는 자녀들이 하나둘씩 늘고 있어요. 사회는 그들을 패배자라고 부를지 모르지만 그 자녀들의 입장에서는 생존이 달린 문제입니다.

역사는 서로 살리려는 사람을 기억합니다. 그것이 사람의 본성이기 때문입니다. 요즘 자녀들이 즐겨하는 게임을 들여다보세요. 죽이는 전쟁연습에 에너지를 쏟고 있을 것입니다. 게임과 놀이도 학습입니다. 그

236

들이 성장하여 사회에 나가면 더 큰 전쟁을 일으킬 준비를 하는 것 같아 두렵고 무섭습니다. 원래 우리는 전통적으로 '살리기'를 좋아하는 민족이었습니다.

〈예기〉 '왕제편'을 보면 "한국 사람은 어질어서 만물을 살리기를 좋아한다."라는 기록이 있습니다. 또한 〈동이전〉 서문에도 "한국 사람은 어질고 물건 살리기를 좋아해서 만 가지 물건이 이 땅에 뿌리박고 무럭무럭 자란다. 그런 이유로 그들은 군자가 죽지 않는 나라다."라고 평한 글이 보입니다.

이것은 아주 먼 과거의 이야기이긴 하지만 맞는 말입니다. 대한민국은 없는 것이 없어요. 좋은 것이든 싫은 것이든 무엇이든 이 땅에서는 다 살립니다. 국제사회에서 돌아다니는 모든 것을 한국에서 만날 수 있어요. 종교든, 이념이든, 교육이든, 놀이든, 게임이든 모두 수용하는 나라예요. 그래서 나라 이름도 크게 하나 된다는 '대한민국'입니다.

우리 자녀들이 선조들이 만들어준 나라에서 이름답게 살아갈 수 있도록 상생의 정신을 일깨워줍시다. 미래의 진로는 교실에서 소모적인 전쟁에 이기는 것이 아닙니다. 우리 자녀들이 할 일은 글로벌사회에서 서로 살리는 문화를 선도하는 것입니다. 작게 보면 보이지 않습니다. 두 눈을 부릅뜨고 크게 보면 살 길이 보입니다.

06

무궁화호는
KTX를 먼저 보낸다

저는 결재를 할 때 카드보다는 현금을 선호합니다. 현금이 많거나 신용불량자라서가 아니에요. 외상이 싫어서입니다. 카드를 사용하면 꼭 외상이라는 생각이 듭니다. 외상은 짐이에요. 하루하루 사는 데 짐을 지고 사는 느낌이라서 카드를 멀리 하게 되었습니다. 카드를 선호하는 입장에서 보면 답답한 생각일 수도 있을 것입니다.

실제로 카드는 여러 가지로 편리하고 이익도 많습니다. 당장 현금이 없을 때 필요한 재화를 구매할 수가 있어요. 잔돈이 생기지 않으니 귀찮지도 않아요. 더구나 각종 할인에다 무이자 할부혜택을 고려하면 금

리상으로도 이익이 많습니다. 카드사마다 경쟁적으로 포인트다 뭐다 해서 보너스까지 주니 일거양득입니다. 카드회사에서 카드를 사용해 달라는 권유로 가끔 전화가 오는데 그때마다 갈등이 일어요. 카드를 사용할까 말까에 대한 갈등이 아니라, 내가 카드를 사용하지 않는 이유를 설명해야 할까 말까에 대한 고민입니다.

카드가 보편화됨으로써 외상개념이 무뎌지고 있는 것 같습니다. 가끔씩 언론에서 보도되는 사건사고에서 '카드빚 때문'이라는 말을 종종 듣습니다. 카드빚 신용불량자가 늘고 있어요. 그 수가 너무 많아서 그들을 구제하는 별도의 자금 마련과 법을 신설해야 할 지경에 이르고 있다는 소리도 들립니다.

이것은 모두 내 것과 남의 것을 구분하는 능력이 흐려지고 있어 나타나는 결과입니다. 외상은 금전을 치루기 전까지는 내 것이 아니에요. 외상개념이 무뎌지다 보니 현금을 가지고 있어도 외상으로 거래하게 됩니다. 이제 외상은 우리네 생활이 되었습니다. 자동차도 할부로 사고, 집도 대출받아 구입해요. 기업은 말할 것도 없이 대출과 외상이 물려있습니다. 그것들이 점점 쌓여 나라 빚은 천문학적인 숫자를 기록하고 있어요. 개인과 기업과 국가가 빚 독촉에 쪼들리며 살고 있는 겁니다. 그 빚은 누가 값을 것인가요. 고스라니 우리 자녀들의 몫이에요. 빚은 한번 지면 청산하기가 무척 어렵습니다. 외상이라는 것에 대해 점점 둔감해지기 때문이에요. 자녀들에게 내 것과 남의 것에 대한 개념 구분이 더 없이 필요한 시대입니다.

공자께서 말하기를 "나는 '사이비似而非'한 것을 싫어한다. 강아지풀을 싫어하는 것은 벼 싹과 혼동될까 두려워서이다. 말 재주 있는 자를 싫어하는 것은 의義를 어지럽힐까 두려워서이다. 듣기 좋은 말을 잘하는 자를 싫어하는 것은 믿음을 어지럽힐까 두려워서이다. 정나라 음악을 싫어하는 것은 바른 음악을 어지럽힐까 두려워서이다. 자줏빛을 싫어하는 것은 주황빛과 혼동될까 두려워서이다. 향원을 싫어하는 것은 덕을 어지럽힐까 걱정해서이다." 하였다.

군자는 경도經度로 돌이킬 뿐이니, 경도가 바로잡히면 뭇 백성들이 흥기하고 뭇 백성들이 감동을 받아 흥기하면 사특한 것이 없어진다.

『맹자』 '진심편'에 나오는 이야기입니다.

개념을 구분하는 것은 본질을 살리기 위해서입니다. 공자는 사이비似而非한 것을 싫어했습니다. 사이비는 같은 것처럼 보이는데 실체는 다른 것을 일컫는 말이에요. 사이비가 대중화라는 이름으로 일상을 지배하게 되면 가치관에 혼란이 옵니다. 이거나 저거나 별 차이가 없어져 버려요. 그 속에서 가장 힘들고 고통받는 것은 '진품'입니다. 짝퉁이 판을 치는 시대는 짝퉁이 주인이에요. 진품은 손님으로 전락합니다. 주객이 전도되었다고 하소연해도 그 숫자에 밀려 아무도 관심을 보이지 않습니다.

공자는 말 재주 있는 자를 싫어했습니다. 말 재주 있는 사람은 반드시 의義를 포장하여 교묘하게 사람을 속이기 때문이에요. 그러면 그 사람뿐만이 아니라 의義 자체도 어지럽게 됩니다. 그러면 결국 그 사람과의義 모두를 잃어버리게 됩니다. 맹자는 공자의 이러한 사이비론을 바탕으로 짝퉁의 시대를 살아가는 지혜를 제시하고 있습니다. 그것은 경도經度를 따르는 것입니다. 경도란, 경전經傳의 도道를 의미합니다. 즉 '원칙'과 '본질'과 '양심'을 뜻해요. 짝퉁의 시대일수록 유혹이 많습니다. 말재주꾼이 주인인 시대이기 때문이지요. 따라서 가치판단의 기준을 말재주꾼에 두지 말고 내 안의 양심과 원칙에 두라는 이야기입니다.

내 것과 남의 것의 구분도 마찬가지입니다. 말재주꾼에 맞추면 내 것도 내 것, 남의 것도 내 것이 됩니다. 대표적인 말이 '투자'라는 개념입니다. 부동산에 투자하라는 말을 들으면 남의 것도 다 내 것이라는 생각이 듭니다. 증권투자도 마찬가지예요. 이런 개념이 일반화되어 이제는 자녀에게도 투자라는 개념을 쉽게 말합니다. 자녀도 투자의 대상이 되고 있는 세상이에요. 투자는 내 안의 기준이 아닙니다. 그리고 원래 내 것도 아닙니다. 내 안의 기준도 아니고 내 것이 아닌 것을 내 것으로 착각하는 오류에서 벗어나야 합니다. 남의 것을 내가 가지고 있는 것은 짐이며 빚입니다. 남의 것을 가지고 있으면 반드시 화禍로 돌아옵니다. 내 안의 양심과 원칙에 준해서 내 것은 취하고 남의 것은 되돌려주는 지혜를 배워야 합니다.

기술자들을 타락시키는 것에 관한 문제네. 부와 가난의 지나침은 그들을 타락시키네. 예를 들어서 도공이 부자가 된 다음에도 자기 기술에 대해서 여전히 애착을 갖겠나? 아마도 그는 게으르거나 방탕한 생활을 할 것이네.

이번에는 반대로 가난해서 필요한 연장이 구비되지 못했을 때, 그가 만들어낸 제품이 질이 떨어지고 그의 제자들 역시 변변치 못한 기술자가 되지 않겠나? 이것은 자신도 모르는 사이에 위험의 세계로 빠져드는 법이네. 치우친 부유와 빈곤을 말하는 것이네.

한쪽은 사치와 게으름과 공명심, 다른 한쪽은 노예근성과 고약한 성품을 가져오기 때문이네.

플라톤의 『국가』 일부분입니다.

사람은 물욕에 한번 빠져들면 내 것과 남의 것을 구분하지 못합니다. 남의 것도 착각이 아니라 실제로 내 것으로 보이기 때문이에요. 그런 부류의 사람들은 영혼의 대부분이 육체적인 욕망을 충족하거나 명예의 욕망을 채우려는 것으로 가득하다고 말합니다. 그렇기 때문에 이런 사람들이 부를 축적하게 되면 사치하거나 게으르거나 공명심에 빠져듭니다. 그리고 가난한 사람은 노예근성이 생기거나 성품이 삐뚤어지게 된다고 합니다. 이것을 알기에 내 것과 남의 것을 구분하는 사람은 중용을 지킵니다. 필요한 내 것만 취하고 남의 것이라고 판단한 것은 그때그때 주인을 찾아 되돌려줍니다. 그것이 지속 가능한 주인으로 사는 길임을 잘 알기 때문이지요.

엄밀하게 따지고 들면 이 세상에 내 것은 본래부터 없습니다. 내 것처럼 보이는 모든 것들은 내가 사는 동안 잠시 빌려 쓸 뿐입니다. 하늘도 땅도 집도 돈도 각종 물건들도 빌려 쓰다가 죽으면 되돌려주고 갑니다. 물리적인 것뿐만이 아니라 정신적인 것도 마찬가지예요. 지식도 정보도 기술도 사용하고 되돌려주고 갑니다. 그렇다면 되돌려주어야 할 남의 것에 평생의 에너지를 다 소진하고 산다는 것은 억울한 일이 아닐까요? 그럼에도 불구하고 내 것과 남의 것을 구분하는 것은 주고받는 소통을 원활하게 하기 위해서입니다. 내 것은 남에게 의존하지 않고 언제나 사용하고 남에게 줄 수 있는 것입니다. 남의 것을 내 것처럼 아무 때나 사용하고 남에게 생색내며 주는 것은 탐욕이고 욕심입니다.

천하에는 처음이 있으니 그것은 천하의 어머니이다.

이미 그 어머니를 알면 그 아들을 알 수 있다.

그 아들을 알면 다시 그 어머니를 지킬 수 있으니

평생토록 위태롭지 않다.

욕심의 입을 막고 욕심의 문을 닫으면

평생토록 근심 걱정거리가 없다.

욕심의 입을 열고 욕심을 채우고자 한다면

평생토록 구제받을 수 없다.

희미해서 잘 보이지 않는 것을 볼 수 있어야

참으로 밝다고 할 수 있고,

부드럽고 약한 것을 지킬 수 있어야

참으로 강하다고 할 수 있다.

지혜의 빛을 이용하여 밝음으로 되돌아가면
몸에 재앙이 남는 일이 없다.
이것이야말로 도의 영원함을 배우는 것이다.

노자의 『도덕경』 '52장'입니다.

우주 자연의 눈으로 보면 세상은 무시무종無始無終입니다. 시작도 없고 끝도 없습니다. 돌고 돌 뿐이에요. 노자는 무시무종의 자연법칙을 배우고 익혀 그 도를 따르면 평생 위태롭지 않게 살 수 있다고 말합니다. 대부분의 사람들은 내 것과 남의 것에 대한 혼돈 속에서 욕심을 키우게 됩니다. 욕심은 곧 근심입니다. 욕심이 많은 사람은 근심이 많아요. 노자는 근심에서 벗어나려면 잘 보이지 않는 것을 잘 보라고 합니다. 무시무종의 자연법칙은 희미해서 잘 보이지가 않아요. 그것은 우주 만물 어디든지 갈 수 있고, 대상과 부딪침 없이 동화되기 때문에 부드럽습니다. 그래서 그 세계를 알기 위해서는 지혜의 빛을 이용하여 밝음으로 전환하라고 합니다. 그것이 욕심과 근심에서 벗어나 자유롭게 살 수 있는 영혼의 밝은 공부인 것입니다.

영혼이 맑아야 내 것과 남의 것을 명확하게 구분할 수 있어요. 노자의 공부는 지금 우리의 공부와는 차원이 다릅니다. 노자의 눈으로 보면 지금의 공부는 욕심과 근심을 쌓아가는 공부로 보일 것입니다. 그러한 공부는 많이 하면 많이 할수록 영혼이 어두워집니다. 욕심이 영혼에 빛이 들어오는 것을 차단하기 때문이에요. 사람에게 공부가 중요한 것은

자녀가 스스로 '주인'으로 살 수 있도록 어릴 때부터
과감하게 마음에서 놓는 연습이 필요합니다.

사실입니다. 그러나 더 중요한 것은 어떤 공부를 할 것인가를 검토하는 것이에요. 잘못된 공부는 아니함만 못 합니다.

자녀는 본래부터 내 것이 아닙니다. 자녀가 내 것이라고 생각하면 욕심이 생깁니다. 자녀에 대한 걱정은 대부분 욕심 때문입니다. 내 것 아닌 것에 집착하면 그것도 병이에요. 부모가 자녀를 내 것이라고 생각하면 자녀는 평생 '손님' 역할을 하게 됩니다. 자녀가 성장하여 손님 행세를 하면 손님이 아니라 원수로 돌변해요. 서로가 서로에게 짐으로 느껴지기 때문입니다. 따라서 자녀가 스스로 '주인'으로 살 수 있도록 어릴 때부터 과감하게 마음에서 놓는 연습이 필요합니다.

부모도 부모지만 자녀에게도 준비할 시간을 주어야 합니다. 자녀에게 다가오는 험난한 세상에서 내 것을 스스로 개척해 나갈 수 있는 힘을 키우도록 기회를 주어야 합니다. 부모가 자녀를 내 것으로 묶어두면 그 기회를 박탈하는 격입니다.

그리고 자녀에게 내 것과 남의 것을 명확하게 구분하는 연습을 일상생활에서 가르쳐 주어야 합니다. 무엇보다도 남의 것을 탐내는 마음을 보이면 그 싹을 잘라주세요. 잡초는 미리 제거하는 것이 좋습니다. 그 싹이 자라서 꽃 피고 열매를 맺으면 이미 늦습니다. 부모가 자녀를 사랑하는 것은 당연합니다. 그러나 그 길이 자연의 법칙을 어긴다면 빚으로 남게 됩니다. 빚은 언젠가는 값아 나가야 할 내 몫입니다.

07

베짱이보다 개미가
더 행복한 이유는 무엇일까?

저는 처음에 논술을 연구하고 보급하기 시작했습니다. 주입식 교육과 객관식 평가가 가지고 있는 한계를 극복하고 삶의 문제를 주도적으로 고민하고, 논리적으로 해결하는 능력을 기를 수 있다는 강점이 마음에 들었기 때문이에요. 그런데 시간이 흐를수록 논술은 입시의 도구로 전락하기 시작했습니다. 처음 도입 정신은 잊은 채 교육주체들은 논술도 또 하나의 입시문제풀이로 바라보았습니다. 그때 저는 교과논술이라는 분야를 연구하여 실험하고 검증하는 도전을 했습니다. 그 가능성을 확인한 후 논술은 대학교 입시도구로써가 아니라 초·중·고등학교에서 중간고사나 기말고사 등 전 교과목에 걸쳐서 시행하는 것이 바람직하다는 것을 알리기 시작했습니다. 그러나 그 당시에는 제 역량의 한계였는지 교육환경의 한계였는지 일반화에 성공하지는 못했습니다. 세월이 흘러 차츰 교과평가에서도 서술형, 논술형, 평가방식이 도입되기 시작했습니다.

그 후에 제 생각에 또 한 번의 전환이 있었습니다. 교과논술이 일반화되기 어려웠던 원인은 평소의 교육과정이 바뀌지 않았기 때문이라는 것을 깨달았습니다. 가르치고 배우는 것은 과거대로 하면서 평가방식만 새로운 것을 요구하는 것은 주객이 전도된 것이었습니다. 그래서 방과 후 대안교육을 실시하는 실험학교를 운영하기 시작했습니다. 그 교육은 학교에서 가르치고 배우는 지식을 왜 배우는지 알게 하고, 또한 그 지식을 생활에서 적용하는 교과 체험활동을 중심으로 진행하였습니다. 열악한 환경이었음에도 불구하고 교사와 학생 그리고 학부모 모두 만족도가 높았습니다. 하지만 경영의 어려움에 봉착하여 약 4년 정도 운영하다가 접어야 했습니다.

그러던 차에 또 한 번의 도전의 기회가 왔습니다. '입학사정관제도'의 도입이었습니다. 그 제도를 보는 순간 감이 왔습니다. 그 제도는 기존의 제도와는 완전히 달랐어요. 제가 생각하는 미래형 인재를 가르치고 평가받을 수 있는 선진국형 교육모델이었습니다. 그래서 입학사정관제도를 도입한 이듬해에 바로 연구소를 운영하면서 책도 쓰고 강연도 다니면서 이 제도가 입시도구로 전락되지 않고 교육주체 모두를 살리는 교육의 새로운 전환점이 되도록 뛰어다녔습니다. 특히 포트폴리오라는 새로운 수필형 글쓰기 장르를 개발하여 인생의 전환점을 만들어 가도록 돕는 데 상당한 교육적 성과를 이루어냈어요. 그런데 어느 정도 성과는 있었으나 이 역시 교육주체들은 입시의 도구로 밖에 바라보지 않았습니다. 그동안의 연구와 성과물이 아까웠지만 저는 내려놓기로 마음먹었습니다.

그 다음으로 도전한 것이 '인성교육'입니다. 인성교육의 필요성은 여기저기서 부르짖는데 가정에서도 학교에서도 사회에서도 잡아주지 못하고 있다는 안타까움에서였어요. 그 방대한 인성교육을 어떤 대상에게, 어떻게 교육해야 할지 막막했습니다. 결국 인성의 개념부터 잡기 시작해서 여러 가지 실험을 거쳐 초·중·고등학생들에게 맞는 교육프로그램을 만들어냈습니다. 정서조절 프로그램, 인성 키워드훈련 프로그램 등이 그것이죠.

저를 알고 있는 사람들은 농담으로 돈이 될 만하면 떠난다고들 말해요. 또 어떤 사람은 아는 게 많아서 탈이라고도 조언합니다. 지금은 인문학사업에 열중하고 있습니다. 아마도 인문학은 제 인생의 마지막 열정과 일이 될 것이라고 확신합니다. 왜냐하면 인문학은 교육의 길을 선택한 이후 한 번도 손에서 놓지 않고 지금까지 줄곧 해왔기 때문입니다. 논술을 교육할 때에도 실험학교를 운영할 때에도 입학사정관제 포트폴리오 만들기를 할 때에도 인문고전은 빠지지 않고 약방의 감초처럼 병행하였습니다. 저는 교육에서 이것저것 간보고 변덕을 부린 것이 아닙니다. 그리고 아는 게 많은 것도 아니에요. 단지 우리 교육에서 빠뜨리고 있는 인문정신을 찾아주려고 힘쓰고 있을 뿐입니다. 그리고 그 답은 고전 속에도 있고 또 사람들 각자가 이미 가지고 있습니다.

세월이 흘러도 버리지 않는 것은 쓸모가 있기 때문입니다. 거꾸로 말하면 오래가는 것은 쓸모가 있습니다. 여러분 주위를 잘 관찰해 보면 쉽게 확인할 수 있을 것입니다.

근무하던 빌딩에서 있었던 일입니다. 그 건물에 10년이 넘도록 있다 보니 건물에서 일어나는 일은 이야기하지 않아도 알 수 있었어요. 주차관리로 두 명이 고용되는데 한 사람은 건물 입주 이후 지금까지 쭉 근무를 하고 있었고, 또 한 자리는 1년에도 두 번씩 바뀔 만큼 자주 바뀌었어요. 왜 그런가 살펴보니 그럴 만한 이유가 충분히 있었습니다. 관리소장이 귀띔해준 이야기로는 한 자리는 전관예우의 자리라는 거예요. 빌딩을 운영관리 하다 보면 관공서와 친하게 지내야 하니 퇴직 후 일자리를 주는 것이 관례라는 것입니다. 그렇게 채용된 주차관리인은 일에 대한 사명감이나 책임감이 있을 리 만무하죠. 전관예우 주차관리인들은 고객들에게 서비스 정신이 부족하다 보니 손님들과 자주 다투게 되고 그 스트레스 때문에 몇 개월 못 버티고 나간답니다. 자기 자리가 아니면 오래 견디지 못합니다.

다만 확실한 것은 소멸하는 존재는 그렇지 않은 존재보다 더 열등하고,
상처받는 존재는 그렇지 않은 존재보다 더 열등하며.

250

불변의 존재가 변하는 존재보다 더 좋다는 믿음이 있었습니다.

아우구스티누스의 『고백록』 일부분입니다.

아우구스티누스는 진리는 변하지 않는 데 있다고 말합니다. 변하지 않는 곳과 가까울수록 진리에 더 가까운 것이라고 합니다. 소멸하는 것은 소멸하지 않는 것보다 진리와 멀리 있습니다. 앞의 예에서 1년에 몇 번씩 바뀌는 전관예우 주차관리인보다는 10년이 지나도 그 자리에서 자기역할을 수행하는 주차관리인이 진리에 더 가깝게 산 것입니다. '상처받는 존재'는 '그렇지 않은 존재'보다 더 열등합니다. 10년이 넘은 관리인은 손님들의 성향 및 자기 역할에 대하여 성실하게 대응하기 때문에 스트레스를 덜 받아요. 반면에 전관예우 관리인은 하루하루가 스트레스예요. 진로에서 '인성과 적성'을 점검하라는 것은 이것을 점검하라는 것입니다. 오래 가는 것을 선택하라는 이야기입니다.

고용에 대한 기업문화도 바뀌고 있습니다. 직장인들 사이에는 가늘고 길게 가자는 추세입니다. 평생직장이란 말은 옛날이야기가 되었어요. 일반 기업체는 수명이 짧고, 계약직도 늘어나는 추세입니다. 100세 시대를 준비해야 하는 지금 자녀들은 어디에 초점을 두고 미래를 준비해야 할지 막막합니다. 그러나 분명한 것은 청소년기 때부터 평생 할 일을 고민해야 한다는 것입니다.

우리는 이제 그만 '빨리빨리'에서 벗어나 호흡을 조절할 때가 되었습니다. 속성반, 조기교육, 영재교육보다는 기초부터 기본을 제대로 차근 차근 지속적으로 하는 교육으로 바뀌어야 합니다. 독일이나 일본의 장인정신을 배워야 합니다. 미래에는 무엇을 하느냐가 중요한 것이 아니에요. 내가 하는 것을 어떻게 시장에 충족시켜 믿음을 얻느냐가 더 중요합니다. 신뢰는 하루아침에 생기지 않습니다. 지속성이 힘입니다. 일확천금을 노리던 시대는 지났습니다. 자기 자신에게 어울리는 옷을 입어야 오래 갑니다.

완전히 비어서 참된 고요함을 돈독히 한다.

만물이 서로 아우르며 자라나는 데에는

그것들이 고요한 상태로 되돌아가는 것을 본다.

싱싱하고 무성하게 자란 것들도

결국은 제각기 자기 뿌리로 되돌아간다.

근원으로 되돌아가는 것을 고요함이라고 한다.

이것을 말하여 자기 본성으로 되돌아간다고 한다.

자기 본성을 찾아가는 것은 영원한 일이다.

영원한 것을 아는 것이 참다운 지혜이다.

영원한 것을 알지 못하면 함부로 행동하여

결국은 재난을 불러들인다.

영원한 것을 알면 너그러워진다.

너그러워지면 공평해진다.

공평해지면 왕이 될 수 있으며 왕이 되면 곧 하늘이 된다.

하늘이 되면 바로 도가 되는 것이다.

도와 같이 되면 영원히 살 수 있다.

죽을 때까지 위태로울 것이 하나도 없다.

노자의 『도덕경』 '16장'입니다.

노자는 '자기본성'을 찾는 것이 가장 안전한 길이라고 합니다. 말은 쉬워도 자기본성을 찾는 것은 무척 어려운 일입니다. 특히 자녀들은 다양한 경험을 해보지 않은 상태이기 때문에 자기 본성이 무엇인지 발견하기란 더 어렵습니다. 노자는 마음을 고요히 비우면 자기본성으로 되돌아갈 수 있다고 말해요. 자기본성이란 '근본으로 되돌아가라'는 이야기입니다. 되돌아간다는 이야기는 '현재의 위치는 근본으로부터 멀리 떨어져 있다'는 이야기입니다.

근본 이치는 변하지 않아요. 자기본성은 영원합니다. 자기본성을 떠나 있으면 불안하며 재난을 불러들입니다. 그래서 본래의 자리로 되돌아가야 해요. 본래의 자리에 되돌아가면 마음이 편안해집니다. 너그러워져요. 공평무사해져요. 왕처럼 자유롭게 살 수 있어요. 자기본성을 찾아 본성대로만 산다면 영원히 그 자리를 지킬 수 있으며, 죽을 때까지도 내가 좋아하는 일을 할 수 있다는 말입니다.

우리는 자녀들에게 자기본성을 찾도록 돕고 있는지, 아니면 본성으로부터 더 멀리 떨어지도록 떠밀어내고 있는 건 아닌지 고민해야 합니다. 자기본성은 저절로 발견되는 것은 아니에요. 이것저것 맛보기 체험

자기본성이란 '근본으로 되돌아가라'는 이야기입니다.
되돌아간다는 이야기는 '현재의 위치가 근본으로부터 멀리 떨어져 있다'는 이야기입니다.

을 많이 한다고 해서 찾을 수 있는 것도 아닙니다. 지금은 자기본성을 찾기 점점 더 어려운 환경으로 치닫고 있어요. 특히 과학문명의 발달은 역설적이게도 '자기본성 찾기'를 더 어렵게 만듭니다. 노자의 말대로 하늘의 소리를 들을 수 있도록 여유를 줄 때 그 고요함 속에서 내 안의 본성의 소리를 들을 수 있어요. 또한 땅의 소리도 들어야 해요. 동물과 식물 그리고 많은 사물들과 촉감으로 느끼고 부딪치면서 그들의 소리를 직접 들어야 자기본성과 교감을 할 수 있게 됩니다. 사람들과도 어울려야 해요. 사람과 사람이 서로의 정서교감을 통하여 서로가 무엇을 원하는지 알아야 그 속에서 자기본성은 발견됩니다. 노자의 말대로 본래의 자리로 되돌아감의 지혜가 필요한 시점입니다.

08

명 골키퍼는
공을 보지 않는다

    수많은 사람은 사업으로 성공하고 싶어 도전합니다. 사업은 능력을 인정받을 수 있는 종합체이기 때문입니다. 뒤집어 말하면 종합적인 능력을 갖추지 않으면 사업에 성공하기 어렵습니다. 우선 사업에 대한 철학과 비전이 필요해요. 과거처럼 무작정 돈을 벌기 위해서 사업에 뛰어드는 것은 한계가 있습니다. 아무리 작은 사업을 한다고 하더라도 나름 대로 꿈과 비전을 갖추어야 해요. 다음으로는 상품입니다. 어떻게 보면 사업 조건에서 가장 중요합니다. 나머지 조건들은 이 상품을 위해서 필요하다고 보아도 과언이 아니에요. 그리고 같이 일할 사람이 준비되어야 합니다. 회사의 철학과 비전을 공유하면서도 조직에서 역할을 수행할 수 있는 능력을 갖추어야 합니다. 마지막으로는 자본입니다. 자본은 많아도 적어도 문제입니다. 사업규모와 전반적인 상황에 맞게 자금을 사용해야 하기 때문이에요. 이처럼 여러 가지 조건을 종합하여 이 사회에서 요구하는 빈 곳을 적절하게 채워줘야 사업은 성과를 얻을 수 있습니다.

사업만이 아니라 경쟁력 있는 삶을 살기 위해서는 종합적으로 보는 안목이 필요합니다. 단순한 일을 하나 처리하더라도 때와 장소와 사람을 동시에 보는 '다면형 인재'가 요구되는 사회입니다. 과거에 비하여 변화의 요소는 더 많아지고 그 속도도 빨라져가고 있습니다. 다면적 사고를 기르기 위해서는 분리와 통합, 정지와 운동, 시간과 공간, 있음과 없음 등 대칭개념을 동시에 생각하는 입체적 사고훈련이 필요합니다. 기존의 교육체계는 단면적입니다. 지식과 기술을 평면적으로 받아들이는 구조예요. 그 틀을 획기적으로 전환하지 않으면 미래시대가 요구하는 다면형 창조인재를 기르기가 어렵습니다.

그런데 사람들은 왜 육체적 쾌락을 추구할까? 그것은 우선 쾌락이 고통을 몰아내기 때문이다. 사람들은 고통을 많이 경험하기 때문에, 그것을 피하기 위해 지나친 쾌락이나 흔히 말하는 육체적 쾌락을 추구한다. 또 고통에 대한 반응은 격렬한 감정을 낳는다. 그러기에 쾌락은 다른 활동에서 기쁨을 맛보지 못하는 사람들이 더 집착한다. 왜냐하면 이런 사람들은 육체적 쾌락 말고 다른 것에서는 전혀 기쁨을 느낄 수 없는데다가, 쾌락도 고통도 아닌 중간 상태를 더욱 고통스러워하기 때문이다.

아리스토텔레스의 『니코마코스윤리학』 일부분입니다.

사람은 고통은 피하고 싶어 하고, 쾌락은 즐기고 싶어 합니다. 아리스토텔레스는 고통과 쾌락의 관계도 학습과 생활습관에 의하여 굳어져 버린다고 말해요. 육체적 쾌락에 치우친 사람들은 당장의 고통을 피하는 데 급급합니다. 그러다 보면 고통에 대한 두려움은 더 커지고 고통의 상황이 오면 얼른 쾌락에 기대어 버려요. 그런 사람은 결국 고통에 도전하여 얻어지는 새로운 쾌락을 맞이할 기회를 놓치게 된다는 것입니다. 기존교육은 단면적 사고를 기르는 데 초점을 두고 학습합니다. 가르치고 배우는 기쁨도 '단면적 사고'의 범위에서 이루어집니다. 여기에 익숙해진 자녀들에게 '다면적 사고'를 요구하게 되면 고통으로 다가온다는 이야기예요. 그 고통을 깨고 나와야 그 속에서 또 다른 창조의 기쁨을 얻을 수 있습니다. 창조는 단순한 아이디어가 아닙니다. 창조는 고통의 벽을 넘어서야 얻어지는 결실입니다.

어느 초등학교에 학부모를 위한 초청 강연을 갔을 때의 이야기입니다.

'분노조절'이란 강의를 마치고 교장선생님과 차를 마시며 제가 쓴 『나를 바꾸는 분노조절』이란 책을 한 권 드렸습니다. 그랬더니 교장선생님은 책 주제가 너무 창의적이라면서 어떤 영감으로 이 주제를 생각해 냈느냐고 묻더군요.

책의 첫 모티브는 3년 전쯤에 돌아가신 제 어머니에서 비롯되었습니다. 그때 제 판단으로는 어머니가 화병火病을 키워 결국 암으로 돌아가셨다는 생각이 들었습니다. 그 후 분노에 대해서 본격적으로 연구하기 시작했죠. 연구하면서 저는 저와 가족 그리고 주위 형제들도 분노조절에 어려움을 느끼고 있다는 것을 발견하게 되었습니다. 분노조절은 우리 시대 사람들에게 꼭 필요한 빈 곳이라는 판단이 들었습니다. 그리고 그때까지 분노조절에 대해서 기존의 다양한 관점에서 연구된 것은 있지만 인문학적 관점에서 한국인의 정서에 맞는 책은 없다는 것을 느꼈습니다. 그래서 이 책을 쓰게 되었노라고 답변을 드렸습니다. 교장선생님은 사실 질문을 던진 것은 강의를 듣고 나서 일반적인 강의와 다른 독특한 면이 있어서 그 배경이 궁금했는데 이제 풀렸다며 덕담을 나누었습니다.

창의력은 세상의 빈 곳을 잘 보고 그 빈 곳을 찾아서 때와 장소와 사람에 맞게 채워주는 능력입니다. 그러자면 불변의 요소와 변화의 요소를 동시에 들여다보는 안목이 필요해요. 불변의 요소란 본질적인 원리를 말합니다. 변화의 요소란 본질적인 요소를 목적에 맞게 다양하게 재구성하여 드러내는 응용을 말합니다. 김치를 창의적으로 만들어서 시장에 내놓으려 한다고 합시다. 불변의 요소란, 김치는 김치로서의 원리적

조건을 갖추어야 한다는 것입니다. 된장을 김치라고 하지는 않아요. 김치를 창의적으로 만들려면 우선은 김치다움의 원리를 깊이 있게 알아야 합니다. 변화의 요소란, 다양한 형태의 김치를 말합니다. 총각김치, 물김치, 김장김치, 겉절이김치, 파김치 등 그 종류와 맛은 천태만태로 변화시킬 수 있는 것입니다.

'불변의 요소'와 '변화의 요소'는 두 개로 분리된 것이 아닙니다. 인식하기 위하여 논리적으로 구분한 것입니다. 즉 총각김치는 불변의 요소와 변화의 요소를 동시에 가지고 있는 것입니다. 특히 요즘 자녀들은 깊이를 요구하는 불변의 요소에 취약합니다.

공자가 말하였다.

"염유야! 군자는 '하려 한다'고 하지 않고 굳이 변명하는 것을 미워한다.

나는 다음과 같은 말을 들었다.

국가를 다스리는 자는

'적음'을 근심하지 않고 '고르지 못함'을 근심하며

'가난'을 근심하지 않고 '편안하지 못함'을 근심한다.

대개

고르면 '가난함'이 문제가 되지 않고

화목하면 '적음'이 문제가 되지 않으며

편안하면 '전복'될 일이 없기 때문이다.

이런 까닭에 이웃 나라 백성들이 복종해 오지 않으면 전쟁을 일으킬

260

것이 아니라 문덕文德을 닦아서 스스로 오게 만들고, 자발적으로 복종
해 오면 편안하게 해주어야 하는 법이다.

공자의 『논어』 '계씨편'에 나오는 이야기입니다.

염유는 그 당시 지배세력 가운데 하나인 계씨의 신하였습니다. 계씨
가 전쟁을 일으키려 한 사실을 공자에게 말하자, 공자는 신하인 염유가
제 역할을 하지 못하고 있음을 깨우쳐주는 이야기입니다. 계씨가 전쟁
을 일으키려 한 것은 현재 가지고 있는 것이 적고 가난하다고 생각해서
였습니다. 신하인 염유는 전쟁을 해서 세력을 키우게 되면 가난도 극복
되고 더 큰 나라를 만들 수 있다는 계략에서 공자에게 말했습니다.

"국가를 다스리는 자는 적음을 근심하지 않고 고르지 못함을 근심하
며, 가난을 근심하지 않고 편안하지 못함을 근심한다."

공자는 계씨와 염유가 변화의 요소에 치우쳐 불변의 요소를 보지
못하고 있음을 깨우쳐주고 있습니다. 왕이든 신하든 백성이든 가난을
좋아할 리는 없어요. 가난을 극복할 창의적인 대안을 세워야 합니다.
변화의 요소로 보면 먹을 것이 적고 나라가 가난하면 백성들이 따르지
않을 것처럼 보입니다. 배고프고 힘드니 조금이라도 더 부자 나라로 떠
날 것처럼 보입니다. 그러나 불변의 요소에서 보면 달라져요. 백성들은
비록 음식은 적지만 고루 나누어 먹고, 비록 가난하지만 마음을 편안하
게 해주는 나라에서 살고 싶은 것입니다. 변화의 요소에 초점을 두고
전쟁을 치르게 되면 백성들은 더 가난해지고 불안해져서 더 빨리 붕괴

될 것입니다. 그러나 현재의 가난을 백성들과 함께 나누고 문덕을 닦아서 화목을 유지하게 되면 당장은 힘들어도 마음이 편안하니 시간이 지날수록 가난에서 벗어날 수 있다고 말합니다. 공자는 사람 마음의 불변적인 요소까지 고려해 대안을 말하고 있습니다.

넓고 깊게 파지 않으면 불변의 요소는 보이지 않습니다. 난세일수록 불변의 요소를 잘 살펴야 합니다. 상황이 어려워지면 즉흥적이고 감각적인 변화의 요소에 더 예민해질 수 있어요. 진로를 설계할 때 시대변화의 흐름을 잘 살펴보라고 합니다. 이때의 변화란 불변의 요소와 변화의 요소를 동시에 말한 것입니다. 세상을 보면 그 속에 있는 이치를 볼 수 있어야 하고 이치를 보면 세상에 적용해 보아야 합니다. 이 둘 간의 소통에서 창의력이 나옵니다. 요즘 등장한 창의적 체험활동은 이러한 맥락에서 보면 고무적인 현상입니다. 다만 그것이 과거처럼 입시도구로써 스펙을 위한 체험활동으로 그친다면 자녀들에게 에너지만 낭비시킵니다.

부모는 자녀들보다 입시제도에 더 예민합니다. 자녀들은 불변의 요소에 머물러 있는 반면 부모는 변화의 요소에 치우쳐 있기 때문입니다. 따라서 입시 전략이든 진로 전략이든 이 둘 사이를 넘나들며 풀어가는 지혜가 필요합니다.

"보살아! 본각의 성상性相을 관찰하니, 이理가 스스로 만족되어 있다. 온갖 생각과 모든 헤아림은 도리를 이롭게 하지 않고, 한갓 움직이고 어지럽게 하여 본래의 심왕心王을 잃게 한다."

"만일 생각하고 헤아림이 없으면 곧 생멸生滅함이 없게 되어 여실하여 일어나지 아니하고, 모든 식이 안정되고 적정하여 흐름이 생기지 아니하여 오법五法이 맑아지니, 이것을 대승大乘이라고 한다."

석가의 『금강삼매경』에 나오는 이야기입니다.

부모는 자녀들의 진로를 돕기 위해서 자녀교육에 대한 교육을 받거나 입시설명회를 찾아다닙니다. 그런데 입시설명회를 다녀오면 부모는 더 불안해집니다. 입시제도는 날로 복잡해지고, 내 자녀 기준에서 보면 입학의 문은 점점 좁아진다는 생각이 들기 때문이죠. 이쪽에 가서 들으면 이것을 시켜야 할 것 같고, 저쪽에 가서 들으면 저것을 시켜야 자녀에게 도움이 될 것 같아서 마음만 더 분주해집니다.

자녀교육 전문가와 입시설명회 강사는 변화의 요소를 잘 건드리는 사람들입니다. 그래서 별 생각 없던 사람들도 설명회로 인해 변화를 건드려주니 변화가 생기기 시작하는 것입니다. 석가는 자칫 변화를 잘 못 건드리게 되면 불변의 요소를 보지 못하는 사람에게 욕심을 심어주는 격이 될 것이라고 말합니다. 부모는 자녀를 어떻게 키우고 싶은지 불변의 요소를 이미 가지고 있어요. 그런데 정보를 듣는 순간 온갖 생각과 모든 헤아림이 생겨납니다. 이것은 마음의 욕심을 움직이고 어지럽게 하여 본래의 마음을 잃게 하는 것입니다.

사람은 경험을 통하여 성숙해집니다. 첫째 자녀를 키울 때와 둘째 자녀를 키울 때가 다르다는 이야기를 많이 합니다. 똑같은 상황이라 하더라도 첫째 자녀 때보다는 둘째 자녀 때가 여유가 있어요. 즉 마음의 동요가 적습니다. 변화의 요소에 흔들리기 시작하면 정작 보아야할 빈 곳을 보지 못해요. 헛것을 보고 망상을 보며 착각을 하게 됩니다. 빈 곳을 잘 보는 사람이 능력 있는 사람이에요. 그 빈 곳이란 사람의 약점을 보는 것과는 다릅니다. 약점을 잡아 이용하는 사람은 하수입니다. 불변의 요소를 전혀 보지 않는 사람이기 때문이지요. 그것은 오래 가지 못합니다. 지속 가능한 빈 곳은 불변의 요소와 변화의 요소가 동시에 충족되는 곳입니다.

참으로 잘 달리는 사람은 발자국을 남기지 않는다.
참으로 잘하는 말에는 흠이 없다.
참으로 셈을 잘하는 사람에겐 계산기가 필요 없다.
참으로 잘 닫힌 문은 빗장이 없어도 열지 못한다.
참으로 잘 맺어진 매듭은 졸라매지 않아도 풀리지 않는다.
그러므로 성인은 언제나
사람들을 잘 구제救濟하고 버리는 사람이 전혀 없다.
물건을 잘 아끼고 버리지 않는다.
이것을 말하여 밝음을 터득했다고 한다.
그러므로 선한 사람은 선하지 못한 사람의 스승이고,
선하지 못한 사람은 선한 사람의 거울이다.
스승을 소중하게 여기지 않는 사람은

비록 자기가 지혜롭다고 내세워도

이것은 크게 미혹된 사람이다.

이것이 바로 신비로운 도의 진리이다.

노자의 『도덕경』 '27장'입니다.

노자는 빈 곳을 잘 보고 잘 채우는 사람을 성인으로 묘사합니다.

"성인은 사람을 잘 구제하고 버리는 사람이 전혀 없다. 물건을 잘 아끼고 버리지 않는다." 성인은 불변의 요소와 변화의 요소를 하나로 보는 사람입니다. 성인은 전체를 보는 혜안이 있기 때문에 사람도 물건도 적재적소에 역할을 다 하도록 돕습니다. 빈 곳에 딱 알맞아서 발자국도 흠도 없어요. 상대방 약점을 잡아 이용하지 않기 때문에 계산기도 빗장도 필요 없습니다.

요즘 자녀들은 빈 곳을 찾으려 애쓰지 않습니다. 자기를 둘러싼 환경이 꽉 차 있다고 믿기 때문입니다. 움직일 틈이 없다고 생각해요. 우리는 빈 곳을 볼 수 있는 새로운 환경을 조성해 주어야 합니다. 열악한 환경부터 최고의 환경까지 다양한 환경이 있다는 것을 깨우쳐 주어야 해요. 변화의 요소를 체험하되 그 속에서 빈 곳을 찾도록 도와야 합니다. 다양한 체험을 했다고 해서 내 것이 되는 것은 아니에요. 한 단계 더 깊이 들어가는 연습이 필요합니다.

또한 불변의 요소를 공부하되 세상의 변화에 기여할 것을 토론해 주어야 합니다. 아직 자녀들은 책 속에 들어있는 불변의 요소를 현실에

연결할 수 있는 역량이 되지 않습니다. 그 교량 역할을 충분히 할 수 있을 때까지 도와야 자녀들은 세상을 자기 눈으로 바라볼 수 있어요. 빈 곳을 발견하기 시작하면 그것을 채우기 위한 에너지가 생깁니다. 그 에너지는 꿈으로 통하고 꿈의 에너지는 다시 학습의 에너지를 만듭니다. 이것이 공부의 선순환구조입니다.

09

육신의 안위를 위해
영혼을 팔지 않는다

제 좌우명은 '육신의 안위를 위해 영혼을 팔지 않는다'입니다. 인문학을 하는 사람으로서 식상한 생각일 수도 있습니다. 이 신념으로 결혼 생활 20년 동안, 두 자녀 키우면서 큰돈을 벌었거나 큰 명예를 이루지는 못했으나, 평범하게 그리고 평탄하게는 살고 있습니다. 그러나 마음 한 구석에서는 돈이 조금 더 많았더라면 이것저것을 다양하게 해보았을 것이라는 심보가 항상 달려 있었습니다. 사실 지금도 마찬가지예요. 이런 상황에서 제가 돈에 대해서 운운하는 것은 설득력이 없을지도 모릅니다. 하지만 제가 보기에 현대인들은 돈을 좋아하고 벌려고 애는 쓰는데, 돈 그 자체에 대한 고민은 미약해 보입니다. 따라서 여기서는 인문학적 관점에서 돈을 어떻게 이해하고 또 자녀들에게 무엇을 기준으로 경제관념을 심어줄지에 대해서 이야기해 보려 합니다.

동서고금을 막론하고 돈 철학의 핵심은 '이 세상에 공짜는 없다'는 것이에요. 아이들에게 꿈을 물으면 상당수의 아이들은 돈을 버는 것이라고 자신만만하게 대답합니다. 그때마다 요즘 아이들은 돈을 너무 만만하게 보는 게 아닌가라는 생각이 듭니다. 사실 이렇게 된 데에는 부모들의 영향이 큽니다. 자본주의 이념을 가지고 살면서 부모들도 돈에 대하여 체계적으로 배우고 익힌 것은 없습니다. 여기서 말하는 돈에 대한 공부는 경제이론이나 재테크 기술이 아니에요. 돈에 대한 근본 이치를 바로 알고 그 돈을 어떻게 벌어서, 어떻게 보관하며, 어떻게 사용하는 것이 나와 너와 우리를 건강하게 할 것인지를 인식하자는 것입니다. 체계적인 돈 공부를 한 사람과 그렇지 않은 사람은 삶의 가치적인 측면에서 거리가 멉니다. 기존처럼 수단방법 가리지 않고 돈만 벌면 된다는 식은 이제 통하지 않아요. 이러한 사고로는 돈을 벌 수도 없거니와, 설령 돈을 많이 벌었다고 하더라도 가치 있는 삶으로 평가받기 어렵습니다.

공자가 말하였다.

"부富와 귀貴는 사람들이 모두 원하는 바이지만 정당하게 획득된 것이 아니면 누리지 않는다.

빈貧과 천賤은 사람들이 모두 싫어하는 바이지만 정당하게 주어진 것

268

이 아니더라도 억지로 버릴 수는 없다.

군자가 인仁을 버린다면 어찌 군자라 부를 수 있겠는가?

군자는 밥 먹는 잠깐 사이도 인仁을 어기지 않아야 하고,

급하고 구차한 때를 당해도 인仁을 어기지 않아야 하며,

넘어지고 자빠지는 위급한 순간에도 인仁을 어기지 않아야 한다."

공자의 『논어』 '이인편'에 나오는 이야기입니다.

공자는 사람과 사람이 '서로 살리는' 사랑의 에너지를 나누며 사는 세상을 꿈꾸었습니다. 그 정신이 '인仁'입니다. 사람은 다른 사람들과의 관계에서 '지극 정성'과 '사랑하는 마음으로 대해야 '인仁'입니다. 밥을 먹건 구차한 때를 당하건 위급한 순간이건 일관되게 사람을 정성으로 대해야 군자입니다.

누구나 '부자되기'를 꿈꿉니다. 그러나 정당하지 않은 방법으로 부를 획득한 것은 자랑이 아닙니다. 정당하지 않다는 것은 나의 부를 위하여 남을 속이거나 다른 사람에게 피해를 끼치며 경제생활을 한 것을 말합니다. 빈과 천은 누구나 싫어합니다. 하지만 설령 빈과 천이 정당하지 않더라도 내가 감당해야 할 상황이라면 기꺼이 받아들여야 합니다. 부는 다른 사람들과 주고받는 관계에서 획득합니다. 내가 주려는 대상이 손을 내밀어야 비로소 거래가 성립됩니다. 이때 내가 주려는 것이 사람을 살리는 정당하고 떳떳한 것임에도 불구하고 그것을 받아주는 사람이 없거나, 그럴 만한 환경이 되지 못한다면 부를 획득하기가 어려워집니

다. 이것은 자발적인 가난의 선택인 셈입니다. 이 또한 의미 있는 삶이라고 할 수 있지요.

　어느 회사 간부급 교육에서 위의 이야기를 한 적이 있었습니다. 그랬더니 한 간부수강생이 인상을 찌푸리며 질문을 해요. 질문이라기보다는 따져 물어요. '지금은 첨단을 달리는 21세기이고 강대국들과 치열하게 경쟁을 해서 이겨야 할 때에 공자왈 맹자왈이 통하겠느냐. 그러고 있으니 서양에 밀려서 늘 아쉬운 소리나 하는 것 아니냐'는 요지의 얘기였습니다.

　개발도상국시대는 '근면'이 미덕이었습니다. 내가 게으름 피우지 않고 땀 흘리면 그만큼 성과가 이루어졌습니다. 그때는 고도성장기였기 때문에 목표를 정하고 몰아붙이면 어느 정도 도달이 가능한 사회였습니다. 지도자들은 그것을 알기에 미끼를 던져주는 방법으로 이끌었지요. 예측이 가능한 시대는 미끼가 통합니다. 그러나 예측이 불가능한 사회에서 미끼는 위험합니다. 미끼는 희망이 아니라 거품으로 보이기 때문입니다.

　기성세대는 예측의 시대에 살았습니다. 하지만 지금은 불확실의 시대입니다. 거품을 빼내야 실상이 보입니다. 과거처럼 선진국을 따라가면 된다고 생각하는 것은 거품이에요. 대한민국은 이미 선진국으로 전환하고 있습니다. '선진의식'은 원칙이 기본입니다. 정당하지 않으면 발붙이지 못해요. 그래서 선진국시대는 '근면'보다는 '성실'이 미덕입니다.

　성실은 공자가 이야기한 인仁의 철학과 통합니다. 사람을 살리기 위한 목적을 명확하게 정하고 그 목적을 도달하기 위해서 지극 정성을 다하는 것이 성실입니다. 따라서 불확실시대에 돈을 버는 첫걸음은 '성실'입니다. 성실에서 출발하지 않으면 지속가능한 성장은 어렵습니다.

그렇다면 덕은 어떤 상태의 성품인가? 덕은 그것이 있으면 좋은 상태에 이르게 되고, 그것의 기능을 잘 발휘할 수 있게 해주는 것이다. 예를 들면, 눈의 덕은 눈과 눈의 기능을 좋게 한다. 눈의 덕을 통해 우리는 잘 볼 수 있다.

마찬가지로 말의 덕은 그 말을 좋은 말이 되게 하여 잘 달리게 하고, 말 탄 사람을 잘 지켜 주며, 적의 공격에 잘 대비하게 한다. 그러므로 인간의 덕은 인간을 선하게 하며, 인간의 일을 잘하게 해주는 성품이다.

아리스토텔레스의 『니코마코스윤리학』 일부분입니다.

아리스토텔레스는 덕德은 능력을 발휘하는 데 아주 탁월한 효과가 있다고 말합니다. 그는 덕은 좋은 상태에 이르게 하고 그것의 기능을 더 잘 발휘하게 해주는 것이라고 정의내립니다. 눈의 덕은 눈의 기능을 도와서 최대한 잘 보이게 하는 힘이라고 합니다. 인간의 덕은 좋은 컨디션을 유지시켜 줄 뿐만이 아니라, 일에 있어서 탁월성을 발휘하게 하는 성품의 에너지원이라고 말합니다.

그동안 우리 교육에서는 덕을 가르치고 배우는 데 게을리한 게 사실입니다. 덕은 지식과 기술을 익힌다고 생기지 않습니다. 자격증과 토플점수가 높다고 해서 덕의 점수가 좋은 것이 아닙니다. 학력이 높다고 덕의 격이 높은 것도 아니에요. 물론 나이가 많다고 덕의 질이 좋은 것도 아닙니다. 덕은 '나를 사랑하는 에너지'에서 길러집니다. 나를 사랑하는 사람이 다른 사람도 사랑할 수 있기 때문입니다. 나를 사랑하는 사람은 다른 사람을 도구로 이용하지 않습니다. 그래서 덕이 있는 사람은 따르는 사람이 많고 도와주는 사람도 많습니다. 덕이 있는 사람이 일을 추진하면 성사될 가능성이 높습니다.

돈은 돌고 돕니다. 돈은 냉정합니다. 그리고 크게 보면 공평합니다. 정당하게 벌어서 정당하게 사용하면 모두를 살립니다. 그게 돈의 진짜 주인입니다. 정당하지 못한 방법으로 번 돈은 대개 정당하지 못한 방법으로 사용하기 쉬워요. 돈이 필요한 곳에 필요한 만큼 유통되는 사회는 건강합니다.

그러나 마치 장마와 가뭄의 상황처럼 불필요한 곳에 돈이 몰려 있고 필요한 곳에 돈이 없는 사회는 건강하지 못한 사회입니다. 돈은 주인이 아니면 해치는 역할도 합니다. 복권에 당첨된 사람들 중에는 그 전보다 불행해진 사람이 많다는 이야기도 종종 들립니다. 갑자기 개발 바람이 불어 논밭 팔아서 돈 좀 생기면 행복할 줄 알았는데 그전보다 못한 생활을 한다는 이야기도 많이 들려요. 부모가 재산이 좀 있으면 그 재산싸움으로 형제들끼리 의가 상한다는 이야기도 종종 들립니다. 부모가 재산이 많으면 자녀는 돈 쓰는 데 에너지를 쏟느라 몸과 마음이 상한다는 이야기도 들립니다. 부모가 돈이 조금 넉넉하다 싶으면 자녀 교육에 너

나를 사랑하는 사람은 다른 사람을 도구로 이용하지 않습니다.
그래서 덕이 있는 사람은 따르는 사람이 많고 도와주는 사람도 많습니다.

무 과다하게 투자하여 자녀가 망가졌다는 소리도 들려요. 부모가 돈이 조금 있다 보면 자녀 유학이다 뭐다 해서 기러기 가족이 된다는 이야기도 들립니다.

돈은 있으면 쓸 궁리를 하는 것은 당연합니다. 그래서 정말 지혜로운 사람은 돈을 벌 수 있는 만큼 버는 게 아니라, 쓸 만큼 벌면서 삽니다. 이것이 돈의 주인 된 마음입니다.

> 가지고 있는데도 더 채우려 드는 것은 그만두는 것만 못하며,
> 갈아서 더욱더 날카로워지면 오랫동안 보존할 수 없다.
> 금과 옥이 집에 가득 있어도 이것을 능히 지킬 수 없으며,
> 부귀하여 교만해지면 스스로 허물을 남기게 된다.
> 공을 세우고 스스로 물러나는 것이 하늘의 법칙이다.

노자의 『도덕경』 '9장'입니다.

노자는 넘치는 것은 부족한 것만 못하다고 강조합니다. 사람은 넘치기 시작하면 자기 통제력을 잃어버리기 때문입니다. 자기 통제력을 잃으면 노예의 길을 가게 됩니다. 가지고 있는데도 자꾸 더 채우려 드는 것은 자신의 의지를 넘어선 것입니다. 채우기 위해서 채울 뿐이에요. 비유를 들자면 자기 통제력이 있는 사람은 어느 정도 먹다 배가 부르다는 신호가 오면 아무리 맛있는 것이 눈앞에 있다고 하더라도 조절을 하게 됩니다. 이것은 나의 의지로 판단할 수 있기 때문이죠.

274

그러나 자기 통제력이 없는 사람은 먹을 것을 창고에 저장하는 격입니다. 창고는 아무리 쌓아도 배부름의 신호가 오지 않아요. 눈으로 보고 창고에 먹을 것을 가득 채워요. 창고가 가득 차면 더 큰 창고를 만들어갈 궁리를 합니다. 이러한 노예의 길을 가는 사람은 자기 수중에 금과 옥이 가득 있어도 행복을 지키지 못합니다. 나를 위한 삶이 아니라 창고지기의 삶을 사는 것입니다.

사람은 어느 누구도 돈으로부터 자유로울 수 없습니다. 돈은 주고받는 과정에서 발생하는 필연적인 결과물입니다. 건강한 돈은 살려 준 것에 대한 대가예요. 내가 다른 사람을 살려주면 고맙다는 증표가 돈입니다. 행복한 주인으로서 돈을 많이 벌려면 더 많은 사람을 살려주면 됩니다.

자녀가 미래사회에 누구를, 무엇으로, 어떻게, 살리고 싶은지 부모와 속 깊은 이야기를 나누는 것이 구체적인 진로교육입니다. 자녀들도 부모 못지않게 돈을 좋아해요. 좋아하는 것을 긍정적으로 살릴 수 있도록 도와야 합니다. 그러나 맹목적인 금전만능주의를 심어주는 것은 자녀를 망치는 길입니다. 어릴 때부터 돈과 욕망에 눈을 뜨게 되면 노예의 길을 가기 위하여 환상에 충성을 다 바치기 때문입니다. 돈은 환상에서 얻어지는 것이 아닙니다. 편안하게 공직생활을 꿈꾼다고 해서 해결될 문제가 아닙니다. 지속가능한 돈은 아주 정직하고 값비싼 대가를 치러야만 내 손에 들어옵니다.

10

⋮

꿈은 주려는
마음에서 싹튼다

누구나 인생의 스승은 있습니다. 제게도 스승이 있는데, 90년대 초
반에 사회생활을 준비하면서 만난 분으로 무문無門 김중 선생입니다. 그
는 독학으로 상생철학을 정립한 분입니다. 원래는 건축업, 유흥업, 목
장 등 다양한 크고 작은 사업을 한 사업가였어요. 그렇게 모은 돈으로
말년에는 자신이 정립한 상생철학을 나누며 살다 간 분입니다.

그곳에 가면 교육비도 공짜, 교재도 공짜, 식사도 공짜였습니다. 그
렇게 모든 게 공짜다 보니 주변 사람들로부터 오해를 많이 받았습니다.
정치에 야심을 가지고 있지는 않은가, 신흥종교집단은 아닌가, 나중에

276

다단계 사업을 하려고 조직을 만드는 것은 아닌가……. 그곳을 출입하는 사람들은 말들이 많았습니다. 그러나 그분은 내것 아닌 것을, 되돌려주고 가는 것뿐이라고 입버릇처럼 말했는데 그 말이 사실이었습니다. 몇 년 뒤 다 주고 세상을 떠나셨습니다. 그분의 철학 핵심은 '주는 것'이었습니다.

만물은 주는 시스템입니다. 태양은 태양계 별들에게 빛과 열을 아낌없이 내어줍니다. 주지 않으면 태양은 폭발하여 사라질 것입니다. 사과나무는 빛과 흙에서 영양을 받고 그 대가로 다른 존재에게 열매를 줍니다. 닭은 계란과 고기를 줍니다. 물은 순환을 도와줍니다. 땅은 뿌리 내릴 수 있도록 터를 내어줍니다. 바다는 열을 식혀줍니다. 의자는 앉도록 배려해 줍니다. 동물과 인간은 여타의 생명체를 먹어줍니다. 사람은 사람과 사물의 소리를 들어줍니다. 아름다운 것과 추한 것을 보아줍니다. 팽이가 멈추지 않고 계속 돌도록 때려 줍니다. 주기 때문에 존재는 그 자리를 유지합니다. 줄 것이 없으면 그 자리에 있을 이유가 없어요. 이것이 주는 시스템입니다.

주면 받게 됩니다. 그런데 받는다는 선 전제가 없으면 줄 마음이 사라지고 말아요. 서로가 서로를 믿을 수 없게 됩니다. 더구나 계약관계가 일반화됨으로써 주고받음이 명확해야 오해가 없어요. 부부간의 관계도 예외는 아닙니다. 그러다 보니 차츰 받으려는 사람은 많아지고 주려는 사람은 줄어들고 있어요. 개인도 가족도 기업도 국가도 서로 주려기보다

는 받으려고만 합니다. 주고받음이 일치하는 사회는 평균입니다. 주는
사람이 많은 사회는 넉넉합니다. 받는 사람이 많은 사회는 불안합니다.

> 재물을 사용하는 방법에는 쓰는 것과 주는 것이 있다. 반면에 재물을
> 얻고 지키는 것은 사용이 아니라 소유다. 따라서 재물을 당연히 얻을
> 데서 얻고 그렇지 않은 데서는 얻지 않는 것보다는, 받아서 마땅한
> 사람에게 재물을 주는 것이 오히려 관후한 사람의 특징이다.
> 왜냐하면 덕을 덕이라고 하는 이유는 남이 나에게 잘해 주는 것보다
> 는 내가 남에게 잘해 주는 데 있고, 또 비천한 일을 하지 않는 것보다
> 는 고귀한 일을 하는 데 있기 때문이다.
> 그리고 준다는 것은 좋은 일을 하고 고귀한 일을 한다는 의미를 포함
> 한다. 그래서 감사와 칭찬은 재물을 얻으려고 하지 않는 사람이 아니
> 라, 그것을 주는 사람에게 주어진다. 사람들은 남의 것을 가질 때보
> 다 자신의 것을 내어 주는 데에 더욱 인색하다. 다시 말해 남의 것을
> 갖지 않는 것은 주는 것보다 쉬운 일이다.

아리스토텔레스의 『니코마코스윤리학』 일부분입니다.
아리스토텔레스도 '주는 것이 행복으로 가는 길'임을 말하고 있습니
다. 주는 행위가 행복한 이유는 보다 적극적인 인생을 사는 방식이기
때문입니다.
재물을 얻을 만한 데서는 당연히 얻고 그렇지 않은 데서는 얻지 못

할 수도 있는데, 그 또한 중요하고 의미 있는 일입니다. 그보다는 얻은 것을 마땅한 사람에게 되돌려 주는 사람이 오히려 마음이 너그럽고 후한 사람의 특징이라고 말합니다. 그와 마찬가지로 비천한 일을 하지 않는 것보다는 고귀한 일을 해주는 것이 더 적극적인 덕의 태도예요. 남의 것을 가질 때보다 자신의 것을 주는 것이 어렵고 힘든 일입니다. 그는 주고받는 것은 당연하지만 선善과 덕德의 관점에서 보면 주는 것이 훨씬 고차적인 행복이라고 말합니다.

자녀들에게 주는 교육을 해야 행복합니다. 주는 교육은 권리보다는 의무에 충실하는 태도입니다. 부모세대는 권위주위와 비민주적인 사회구조에서 권리 찾기에 예민했습니다. 그래서 강자와 약자라는 이원구조를 만들어 약자는 강자에 대항하여 권리를 찾아야 한다는 논리를 익혔습니다. 그것이 똑똑하고 정의롭다고 가르치고 배워왔어요.

그러나 지금은 상황이 많이 달라지고 있습니다. 더구나 현재의 자녀들은 이러한 논리에 크게 관심이 없어요. 동일한 개념이라고 하더라도 시대 상황과 자기 이해적 관점에서 다르게 해석하고 받아들입니다. 요즘 자녀들에게 권리는 내 것 챙기는 방향으로 흐르고 있습니다. 자기할 일은 제대로 하지 않고 자기 몫은 챙기겠다는 심산입니다. 극단적인 이기주의로 흐르는 경향이 있습니다. 더 큰 우려는 권리에 초점을 두고 사는 사람은 세상에서 자기의 위치를 '을'의 위치에 두려는 심리가 깔려 있다는 것이에요. 을의 위치에서 세상을 보면 모든 것이 소극적입니다. 대표적인 것이 국방의 의무, 납세의 의무, 교육의 의무입니다. 이것들은 원래 국민이 선택한 정당한 권리인데 의무라는 말을 붙여 마지못해 하고 있는 듯한 느낌을 줍니다. 권리에만 자발성이 있는 것이 아니라 의무에도 자발성이 있습니다. 즉 국방의 권리, 납세의 권리, 교육의 권리로 개념을 전환하는 것이 시대에 맞는 패러다임입니다. 혼란스럽겠지만 개념에 대한 새로운 시도가 필요합니다.

명예에 얽매이지 말고
모략의 곳간이 되지 말라.
일의 책임자가 되지 말고
지식의 주인이 되지 말라.
다함이 없는 도道를 완전히 깨달아서
흔적이 없는 무위자연無爲自然에 노닐어라.
하늘에서 받은 것은 극진히 하고
이익을 얻지 말고 오직 마음을 비워라.
지인至人의 마음 씀씀이는 거울 같아
일부러 보내지도 않고
일부러 맞아들이지도 않는다.
있는 그대로 응할 뿐
갈무리하지도 않는다.
그러므로 만물 위에 군림하면서도 다치지 않는다.

『장자』 '응제왕편'에 나오는 이야기입니다.

장자는 개념을 깨는 도사입니다. 우리들이 가는 길과는 정반대의 길을 가라고 말합니다. 장자는 '주는 척하는 것'과 '실제로 주는 것'은 다르다고 합니다. 명예에 얽매여 주는 것은 주는 척하는 것입니다. 인기를 먹고사는 사람들은 모략의 곳간이 되기 쉬워요. 장자는 인기를 유지하기 위해서 억지로 주는 것은 이미 가식이라고 합니다.

우리는 지식의 주인이 되고 일의 책임자가 되려고 발버둥 칩니다. 그러나 장자가 보기에 그것은 자기 욕구를 채워주는 것이지, 대상을 살려주는 것은 아니라고 합니다. 자연스럽게 주는 사람은 결과에 크게 연연해하지 않고 주는 사람이에요. 그것은 흔적이 남지 않는 무위자연無爲自然의 도道입니다. 일부러 주는 척하고, 억지로 주고, 어쩔 수 없이 이끌려 주는 것은 자연스럽게 주는 것이 아니에요. 부자연스럽게 주면 받는 사람도 부담스럽습니다. 서로가 서로에게 부담을 주는 것은 구속입니다. 부담을 주고받는 사람은 결국 다치게 됩니다. 따라서 내가 줄 수 있는 것을 줄 대상에게 있는 그대로 그냥 줄 뿐입니다. 그러면 도리어 만물 위에 군림하면서도 다치지 않습니다.

주는 것의 행복을 알았다고 하더라도, 줄 것이 없는데 무엇을 주느냐고 항변할 수도 있습니다. 맞는 말입니다. 줄 것이 있어야 줄 수 있습니다. 청소년기는 줄 것을 준비하는 기간입니다. 그런데 우리 교육에서는 줄 것을 제대로 가르치거나 배우지 않습니다. 우리가 줄 것에 초점을 두고 배우지 않았기 때문입니다. 좋은 직업을 가지려고 배우고, 좋

청소년기는 줄 것을 준비하는 기간입니다.
더 낮은 곳으로 가면 줄 것이 보입니다.
주는 행위가 행복한 이유는 보다 적극적인 인생을 사는 방식이기 때문입니다.

282

은 자리를 차지하려고 배우고, 많은 수입을 잡을 준비로 가르치고 배웁니다. 그러니 학교를 졸업하고 사회에 나오면 줄 것이 없습니다. 줄 것이 없는 게 아니라, 줄 것이 너무 고상하여 줄 곳이 없습니다. 줄 것도 중요하지만 줄 곳을 넓히는 교육이 필요합니다.

더 낮은 곳으로 가면 줄 것이 보입니다. 서울보다는 지방으로, 도시보다는 농어촌으로, 대기업보다는 중소기업으로, 보장직보다는 도전직으로, 사무직보다는 몸으로 부딪치는 쪽으로 이동하면 줄 것이 있습니다.

> 가장 훌륭한 선은 물과 같다.
>
> 물은 만물을 이롭게 하고 다투지 않으며,
>
> 모든 사람이 싫어하는 곳에 머물기 때문에 도道에 가깝다.
>
> 거처로는 낮은 땅을 좋다고 하고,
>
> 마음은 깊은 것을 좋다고 하고,
>
> 사귀는 데는 어진 것을 좋다고 하고,
>
> 말은 진실한 것을 좋다고 하고,
>
> 정치는 정의로운 것을 좋다고 하고,
>
> 일에는 효과 있는 것을 좋다고 하고,
>
> 움직임은 때에 맞음을 좋다고 한다.
>
> 오로지 싸우지 않은 고로 허물이 없다.

노자의 『도덕경』 '8장'입니다.

노자는 줄 곳을 낮추는 것이 행복한 삶이라고 말합니다. 사람의 에너지를 긍정적으로 사용하려면 물처럼 살라고 권합니다. 물은 만물을 살려주기만 할 뿐 달라고 주장하지 않기 때문에 싸움이 없습니다. 물은 사람들이 싫어하는 낮은 곳에 머물기 때문에 경쟁자가 없어요. 경쟁자가 없는 곳에서 자연스럽게 줄 수 있기에 마음은 깊고, 어진 사람과 사귀며, 진실한 말을 하고, 정의롭고, 일은 효과적으로 하며, 자유롭게 움직일 수 있어 싸울 일이 없습니다. 현실에서 받아들이기 무리라는 것은 압니다. 그러나 자녀들에게는 정직한 것을 알려줘야 해요. 도전은 위로 올라가는 것만이 아닙니다. 아래로 내려가는 도전은 더 힘들고 어렵습니다. 그래서 더욱 아름다운 것입니다.

사람의 에너지는 주면 더 강한 에너지가 생깁니다. 개인이 알고 있는 지식과 기술을 다른 사람에게 가르쳐주고 머리에서 내버려야 새로운 앎에 도전할 힘이 나옵니다. 한 번 습득한 지식과 기술을 평생 버리지 않고 모시고 있으면 그 지식과 기술에 갇혀버려요. 기업체도 마찬가지입니다. 기존의 기술을 쓰고 나면 버려야 새로운 기술을 개발해요. 늘 새로운 기술을 개발해 내는 기업이 더 경쟁력 있는 기업입니다.

비우면 다시 찹니다. 주는 것은 적극적인 삶의 태도예요. 비우지 않고 쥐고 있는 것도 게으름입니다. 게으르면 에너지는 고갈돼요. 젊게 사는 사람들의 비결은 비우고 주는 철학을 실천하는 것입니다. 죽는 날까지 한 점 부끄럼 없이 줄 수 있는 사람은 행복한 사람입니다. 주고 또 주세요. 이것이 서로 살리는 순환의 원리입니다.